Pearson Revise

T0351912

Pearson Edexcel GCSE (9–1)

French

Second Edition

Revision Workbook

Series Consultant: Harry Smith

Author: Stuart Glover

Also available to support your revision:

Revise GCSE Study Skills Guide   9781292318875

The **Revise GCSE Study Skills Guide** is full of tried-and-trusted hints and tips for how to learn more effectively. It gives you techniques to help you achieve your best – throughout your GCSE studies and beyond!

Revise GCSE Revision Planner   9781292318868

The **Revise GCSE Revision Planner** helps you to plan and organise your time, step-by-step, throughout your GCSE revision. Use this book and wall chart to mastermind your revision.

Difficulty scale

The scale next to each exam-style question tells you how difficult it is.

Some questions cover a range of difficulties. The more of the scale that is shaded, the harder the question is.

 Some questions are Foundation level.

 Some questions are Higher level.

 Some questions are applicable to both levels.

For the full range of Pearson revision titles across KS2, 11+, KS3, GCSE, Functional Skills, AS/A Level and BTEC visit:
www.pearsonschools.co.uk/revise

Contents

AUDIO

Audio files and transcripts for the listening exercises in this book can be accessed by using the QR codes throughout the book, or going to **www.pearsonschools.co.uk/ mflrevisionaudio**

Listen to the recording

• •

A small bit of small print

Pearson Edexcel publishes Sample Assessment Material and the Specification on its website. This is the official content and this book should be used in conjunction with it. The questions in this Workbook have been written to help you practise every topic in the book. Remember: the real exam questions may not look like this.

Physical descriptions

Comment est ta famille?

1   Lis ces descriptions des membres de la famille et des copains.

A
quite tall
long black hair

B
tall
moustache

C
small
brown spectacles

D
quite tall
brown eyes

E
tall
short brown hair

F
long brown hair
small nose

C'est quelle personne? Mets une croix [×] dans la case correcte.

	A	B	C	D	E	F
(a) Mon cousin est grand et porte la moustache.						
(b) Son amie a de longs cheveux marron et un petit nez.						
(c) Notre oncle Pierrot est assez grand. Il a de longs cheveux noirs.						
(d) Ma mère est assez grande et a les yeux marron.						
(e) Sa sœur est petite. Elle porte des lunettes marron.						

(5 marks)

My family's appearance

2   Pierre is describing his family. Which features are mentioned? Listen to the
    recording and put a cross [×] in each one of the **four** correct boxes.

A	Hair	☐
B	Beard	☐
C	Nose	☐
D	Glasses	☐
E	Feet	☐
F	Eyes	☐
G	Hands	☐

Listen to the recording

> Look at the words in A–G and think of the French words you are likely to hear. You will be better prepared when you listen!

(4 marks)

1

Character descriptions

Conversation: Talking about your friends

1 As part of a conversation topic, you might be asked questions about many aspects of yourself, your family and friends. Prepare answers to these questions and then speak for about 30 seconds on each one.

> For all the questions, try to add details and reasons, and use more complex vocabulary if you can. For example, rather than saying *je suis bavard(e)*, why not add complexity by saying *on dit que je suis bavard(e)*?

(a) Tu es quelle sorte de personne?

(b) Décris la personnalité d'un copain / une copine.

> Remember to make any adjective you use agree with the gender of the person whose character you are describing.

(c) Pourquoi est-ce que tu t'entends bien avec tes amis?

Claire's family

2 Read what Claire says about her family members.

> Mon petit frère s'appelle David. En général, il est sympa, mais s'il est fatigué, il n'est pas très facile. Ma sœur Danielle est toujours optimiste et elle s'entend bien avec toute la famille, sauf notre grand frère, qui s'appelle Marc. Ma mère est un peu plus sévère que mon père, surtout quand nous sommes à table. Mais de temps en temps, mon père peut être très drôle!

Put a cross [×] in each one of the **four** correct boxes.

A	David is usually pleasant.	☐
B	David is always pleasant.	☐
C	Danielle is optimistic.	☐
D	Danielle does not have any brothers.	☐
E	Danielle gets on well with most of the family.	☐
F	The dad is stricter than the mum at meal times.	☐
G	The family never sits around the meal table together.	☐
H	The dad is occasionally funny.	☐

(4 marks)

Describing family

Listen to the recording

Brothers and sisters

1 Ludovic is talking about his family. Which descriptions are mentioned? Listen to the recording and put a cross [×] in each one of the **four** correct boxes.

A	Is fun to play with	☐
B	Buys me treats	☐
C	Talks too much	☐
D	Is boring	☐
E	Sometimes won't play with me	☐
F	Is sometimes selfish	☐
G	Is always kind	☐

> Listen out for the key verbs (play, buy, talk).

> Think about how you are going to distinguish between two sentences with the same verb. Usually this will be with negatives (*ne … pas*) and/or adverbs (*quelquefois, souvent*, etc).

(4 marks)

Ma famille

2 Traduis les phrases suivantes **en français**.

(a) I like my family.

> Use *mon* (masculine), *ma* (feminine) for 'my'.

.... **(2 marks)**

(b) My brother is annoying.

.... **(2 marks)**

(c) My sister is quite tall.

> Remember that the words for 'sister' and 'mother' are feminine.

.... **(2 marks)**

(d) I get on well with my mother because she is kind.

....

.... **(3 marks)**

(e) My father gets on my nerves sometimes.

> Remember that *m'énerve* means 'gets on my nerves'.

....

.... **(3 marks)**

Friends

Talking about my friends

1   Read these comments relating to friendship.

> **Quelles sont les qualités de tes ami(e)s?**
> Mon amie Aliyah ne refuse jamais d'aider ses amis.
> Suzanne est toujours prête à donner de l'argent aux personnes pauvres.
> Mon meilleur ami Robert aime bien écouter les avis de tout le monde.
> Lola essaie d'identifier une qualité si on lui demande son avis sur un collègue.
> Carla n'est jamais de mauvaise humeur, même si elle est fatiguée.

What is said about each person?

A   Concentrates on people's strengths

B   Never moody

C   Always says 'yes' if a friend needs help

D   Willing to give financial assistance

E   Not tiresome

F   Values others' opinions

G   Optimistic

	A	B	C	D	E	F	G
Aliyah							
Suzanne							
Robert							
Lola							
Carla							

(5 marks)

Picture-based task: My friends

2   Regarde la photo et prépare des réponses aux questions suivantes.

(a) Décris-moi la photo.

> You need to be able to prepare a few sentences about the photo you see.
> Here you could describe some of the people, and suggest who they might be and where the picture might have been taken.

(b) Je pense qu'un ami devrait être sociable. Quel est ton avis?

> Make sure you know what is being asked. You can ask for a question to be repeated in French.

(c) Mon meilleur ami est gentil et bavard. Comment est ton meilleur ami / ta meilleure amie?

(d) Qu'est-ce que tu as fait récemment avec tes copains?

> This is a good opportunity to use the past tense in both the *je* and the *nous* form.

(e) Qu'est-ce que tu vas faire avec tes copains le week-end prochain?

> At Higher level, the last question is 'unpredictable', which means you won't be able to prepare for it. But it will be on the same topic, so take some time to think about relevant vocabulary and phrases that may come in useful.

Role models

Mon oncle

1 Lis cet e-mail de Marcel au sujet de son oncle.

> ✉
>
> Mon oncle m'a toujours inspiré parce qu'il a réussi dans la vie sans avoir beaucoup d'argent. Il a commencé sa propre entreprise à l'âge de seize ans et maintenant il a une grande maison de luxe avec une piscine en plein air dans le sud de la France. Il vient de prendre sa retraite, après avoir gagné plein d'argent.
>
> Cependant, je ne pense pas que l'argent soit la chose la plus importante au monde. Au contraire, je respecte mon grand-père qui a élevé cinq enfants, dont mon père, après la mort de sa femme. Il est vraiment têtu mais aussi travailleur et responsable.

Trouve les **quatre** bonnes phrases. Mets une croix [×] dans les cases correspondantes.

A	L'oncle de Marcel a toujours été très riche.	☐
B	Son oncle a fondé une entreprise quand il était jeune.	☐
C	Il ne travaille plus.	☐
D	Il a perdu plein d'argent.	☐
E	Marcel pense que l'argent est la chose la plus importante dans la vie.	☐
F	Son grand-père a lutté contre des difficultés.	☐
G	La grand-mère de Marcel est morte.	☐

> Don't forget to look out for negatives in both the passage and the statements. Don't just assume that because a word is in both, it is the correct answer!

(4 marks)

Les gens qui m'inspirent

2 Écoute Anya parler des gens qui l'inspirent.

Complète les phrases en mettant une croix [×] dans la case correcte.

> If you hear an unfamiliar word, listen very carefully for accompanying words that you do recognise and which may help you to guess the one you don't know.

Listen to the recording

(a) Anya admire …

☐	A la musique de Carla Bruni
☐	B le look de Carla Bruni
☐	C l'argent de Carla Bruni
☐	D les vêtements de Carla Bruni

(b) Le père d'Anya …

☐	A a trouvé Carla impolie
☐	B n'a jamais rencontré Carla Bruni
☐	C pense que Carla est modeste
☐	D pense que Carla est embêtante

(c) Anya est impressionnée par …

☐	A le travail bénévole de Carla
☐	B le mariage de Carla
☐	C la famille de Carla
☐	D le mari de Carla

(d) Carla est …

☐	A née en France
☐	B mère de famille
☐	C mécontente
☐	D célibataire

(4 marks)

Relationships

Une photo de famille

1 Ton frère aîné t'a envoyé cette photo de sa famille.

Fais une description de la photo **et** exprime ton opinion sur la famille.

Écris 20–30 mots environ **en français**.

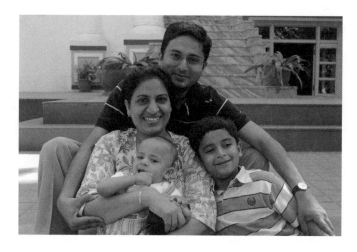

....

....

....

....

....

....

....

> This is a short task so don't be tempted to write more than the suggested number of words.

(12 marks)

Translation

2 Translate this passage **into English**.

> Je m'entends bien avec mon petit frère. Il est compréhensif et amusant, mais je me dispute souvent avec ma sœur. Hier elle a pris ma jupe sans me demander la permission. Elle n'aide jamais à la maison et elle m'énerve tout le temps. Elle m'a dit qu'elle va être moins paresseuse.

> Remember that *je m'entends* and *je me dispute* are reflexive verbs so you won't need to translate *m'* or *me* here, but you will need to translate them later in the passage!
>
> *Sans* is followed by an infinitive in French but you don't use one in English.

....

....

....

....

....

....

....

....

(7 marks)

When I was younger

Activities in the past

1 This teenager is talking about what she did when she was young. Which of the following activities did she do?

Listen to the recording and put a cross [×] in each one of the **four** correct boxes.

A	swimming	☐
B	judo	☐
C	windsurfing	☐
D	ballet	☐
E	skiing	☐
F	computing	☐
G	cinema	☐

(4 marks)

Conversation: When I was younger

2 As part of a conversation topic, you might talk about what things used to be like when you were younger. Prepare answers to these questions and then speak for about 30 seconds on each one.

Use the imperfect tense where it is needed to talk about what you used to do.

(a) Où habitais-tu quand tu étais plus jeune?

(b) Quels étaient tes passe-temps quand tu étais plus jeune?

(c) Où allais-tu en vacances quand tu étais plus jeune?

Peer group

Peer pressure

1 You hear Lucas talking about peer pressure.

Listen to the recording and answer the following questions **in English**.

(a) What do members of Lucas' gang have in common? Give **two** details.

....

.... **(2 marks)**

(b) What happened a few months ago? Give **two** details.

....

.... **(2 marks)**

(c) What happened the next day? Give **two** details.

....

.... **(2 marks)**

(d) How does Lucas feel?

.... **(1 mark)**

(e) Why did he do what he did?

.... **(1 mark)**

Faire comme les autres

2 Traduis le passage suivant **en français**.

Lots of my friends have tattoos and piercings, but I don't like them because I think that they are ugly. Last week I went into town with my sister and we saw a boy from my school who had a piercing in his nose. My sister now wants to have a piercing because all her friends have one.

> 'I don't like them' – Remember that pronouns come before the verb in French.

> 'ugly' – This refers to tattoos and piercings, so it must be plural.

> 'has now decided to have' Remember that it is *décider de* + infinitive.

....

....

....

....

....

....

....

....

.... **(12 marks)**

Money

Picture-based task: All about money

1 Regarde la photo et prépare des réponses aux questions suivantes.

(a) Décris-moi la photo.

(b) À mon avis, l'argent ne fait pas le bonheur. Qu'en penses-tu?

> This is a tricky question so keep your answer simple unless you are very confident.

(c) Comment gagnes-tu de l'argent?

(d) Tu aimes faire des économies? Pourquoi (pas)?

> Always give a reason for any opinion if you can.

(e) Comment vas-tu dépenser ton argent la semaine prochaine?

Spending money

2 These three teenagers are talking about what they are going to buy.

Complete the sentences. Use the correct word or phrase from the box.

Listen to the recording

spend all the pocket money	laptop	buy a cheap one
birthday present	mobile phone	more up to date
cheaper	scarf	desktop computer
blouse	tablet	birthday card

(a) Marthe is going to buy a .... and a

.... **(2 marks)**

(b) Renato would like to buy a .... but does not want to

.... **(2 marks)**

(c) Janine is looking for a .... which is

.... **(2 marks)**

Customs

Different customs

1   Read this email from Kamodou and answer the following questions **in English**.

> ✉
>
> Après être arrivé en France il y a deux mois, j'ai remarqué beaucoup de différences entre la vie au Cameroun et la vie en France. Je pense qu'on est plus formel en France. Par exemple, quand on rencontre quelqu'un on se serre la main, mais il ne faut pas serrer trop fort car c'est considéré comme un geste grossier. J'ai été accepté par tous les Français parce que la France a toujours été promotrice de la tolérance raciale et culturelle. En fin de compte, je dirais que tout se passe bien ici!

(a) Where does Kamodou come from?

....   **(1 mark)**

(b) Why does he think cultural life in France is more formal?

....   **(1 mark)**

(c) What is considered to be rude?

....   **(1 mark)**

(d) What does he say about racial tolerance in France?

....   **(1 mark)**

La vie en France

2   Écoute Adriana parler de la vie en France.

Trouve les **quatre** bonnes phrases. Mets une croix [×] dans la case correcte.

A	Adriana est française.	☐
B	Elle pense que la vie en Belgique est différente de celle en France.	☐
C	Les Français font attention à ce qu'ils mangent.	☐
D	Les Français mangent trop.	☐
E	En France on ne va pas souvent au cinéma.	☐
F	La France est réputée pour son cinéma.	☐
G	Il est normal d'arriver à une fête après l'heure convenue.	☐

(4 marks)

Listen to the recording

Everyday life

Role-play: At the sports centre

1 You are talking to a member of staff at a French sports centre. The teacher will play the role of the employee and will speak first. You must address the employee as *vous*.

You will talk to the teacher using the five prompts below.

- Where you see –? – you must ask a question.
- Where you see –! – you must respond to something you have not prepared.

Vous êtes au centre sportif. Vous parlez à un(e) employé(e).

> Je peux vous aider?

> Prepare your answer then practise saying your answers out loud.

Guided

1 Tennis – raison

> Je veux jouer au tennis car c'est un sport actif.

> Ah oui, et pourquoi voulez-vous venir ici?

2 Choix de ce centre – raison

> Ah, c'est gentil. Qu'est-ce que vous avez fait ce matin?

3 !

> Excellent.

4 ? Heures d'ouverture

> Avez-vous une question?

> De sept heures jusqu'à vingt-deux heures.

5 ? Tour du centre

> Avez-vous une autre question?

> Oui, suivez-moi.

> Remember to use *vous* when talking to the employee.

La vie quotidienne

2 Écoute Flora parler de sa vie quotidienne.

Complète les phrases en choisissant un mot ou des mots de la case. Il y a des mots que tu n'utiliseras pas.

Listen to the recording

travail scolaire	aime	un jour	prend
dort	vite	le matin	pas
les sports	beaucoup	fait ses devoirs	les activités

(a) Flora ne .... pas tard.   **(1 mark)**

(b) Flora ne mange .... le matin.   **(1 mark)**

(c) Le soir, elle ....   **(1 mark)**

(d) Elle n'aime pas .... d'équipe.   **(1 mark)**

11

Meals at home

A birthday celebration

1 Read Sylvestre's account of his mother's birthday.

> Je ne vais jamais oublier le repas extraordinaire que nous avons fait chez nous il y a un mois. C'était pour fêter les quarante-cinq ans de mon père. Nous lui avions demandé s'il voulait bien inviter ses amis, mais il a dit qu'il pourrait trouver ça assez stressant et que son rhume n'était pas complètement parti.
>
> Mon frère, Max, a tout préparé car il a voulu montrer à toute la famille qu'il était doué pour la cuisine et il pensait que papa méritait de se détendre le jour de son anniversaire. J'ai été très surpris par la qualité supérieure de ce que nous avons mangé, alors que ma sœur n'a rien aimé.
>
> Quand il a compris que Max avait préparé ce merveilleux repas, papa a été très reconnaissant et a trouvé ça incroyable.
>
> Hier, il m'a dit qu'il espère que Max va recommencer avec le repas de Noël!

Answer the following questions in **English**.

You do not need to answer in full sentences.

(a) How long ago was this special meal?

.... **(1 mark)**

(b) Why didn't the father want to invite lots of other guests?

.... **(1 mark)**

(c) What did the brother seek to do by cooking the birthday meal?

.... **(1 mark)**

(d) What did Sylvestre's sister think of the meal? .... **(1 mark)**

(e) What was the father's initial reaction when he realised who had cooked the meal?

.... **(1 mark)**

Manger en famille

2 Tu postes cette photo sur des médias sociaux pour tes amis.

Fais une description de la photo **et** donne ton opinion sur le petit déjeuner chez toi.

Écris 20–30 mots environ **en français**.

....

....

....

....

....

.... **(12 marks)**

Food and drink

La cuisine régionale

1 Lis cet e-mail de Martin au sujet de la cuisine régionale.

> ✉
>
> Je viens de passer quinze jours en Normandie et la cuisine était superbe. J'ai surtout aimé les produits laitiers qui sont d'une qualité exceptionnelle. Le camembert est sans conteste le fromage français le plus connu au monde. La région est connue aussi pour l'agneau, le bœuf et les fruits de mer dont les moules qui sont les fruits de mer préférés des gens du coin. Les pommes jouent un rôle important dans la cuisine normande, tant dans les desserts que dans la fabrication du cidre.
>
> La semaine dernière, j'ai goûté du porc aux cerises avec des poireaux. C'était délicieux. Mmm!

Mets une croix [×] dans la case correcte.

(a) Martin a préféré …

☐	**A** la viande
☐	**B** les produits laitiers
☐	**C** le poisson
☐	**D** les boissons

(b) Comme fruits de mer, les habitants aiment mieux …

☐	**A** les poireaux
☐	**B** les pommes
☐	**C** les moules
☐	**D** les cerises

(c) On consomme … comme boisson et comme nourriture.

☐	**A** les fruits de mer
☐	**B** les cerises
☐	**C** les pommes
☐	**D** les oranges

(d) Martin a récemment …

☐	**A** mangé un repas délicieux
☐	**B** goûté du cidre
☐	**C** consommé des moules
☐	**D** bu du vin

(4 marks)

À manger et à boire

2 Traduis les phrases suivantes **en français**.

(a) I like eating fish.

> You will have to translate 'eating' as an infinitive in French.

.... **(2 marks)**

(b) I don't like coffee.

.... **(2 marks)**

(c) I have cereal for breakfast.

> Remember – the word for 'cereal' becomes plural in French.

.... **(2 marks)**

(d) We usually have dinner at 6.00 pm.

.... **(3 marks)**

(e) This evening I am going to eat at a smart restaurant with my family.

> The adjective for 'smart' comes after the word it describes.

.... **(3 marks)**

....

Shopping

Magali's shopping trip

1   Read about Magali's experience of shopping.

> En général, je fais les magasins le week-end avec mon ami Rémi. Samedi dernier, nous y sommes arrivés un peu après huit heures et demie car je voulais être en ville avant l'ouverture des magasins. Rémi a passé beaucoup de temps à trouver une veste, mais finalement il en a acheté une dans le troisième magasin où nous sommes allés. Après avoir déjeuné, nous avons fait d'autres magasins parce que je voulais vraiment acheter un roman pour l'anniversaire de ma mère. Deux heures plus tard, nous étions trop fatigués pour continuer nos achats. Alors, nous avons pris un petit café. Après ça, il ne me restait que trente minutes pour trouver un deuxième cadeau pour ma mère. Malheureusement, c'était trop tard car le dernier bus de la journée n'allait pas nous attendre! Je n'ai pas envie de retourner en ville demain, mais je n'ai pas le choix.

What does Magali say about shopping? Put a cross [×] in each one of the **four** correct boxes.

A	Last Saturday, Magali arrived in town just before eight o'clock.	☐
B	Magali wanted to be in town before the shops opened.	☐
C	Rémi managed to find a new jacket.	☐
D	They visited just three shops that day.	☐
E	Magali wanted to buy a book for her mother's birthday.	☐
F	By two o'clock, the friends were both very tired.	☐
G	They relaxed for thirty minutes in the café.	☐
H	They had to wait thirty minutes at the bus stop.	☐
I	Magali will need to return to town the following day.	☐

(4 marks)

Shopping plans

2   Listen to these young people saying what they are going to buy.

Complete the sentences. Use the correct word or phrase from the box.

Listen to the recording

> some earrings   some flowers   some gloves
>   a bracelet   a bag   a book

(a) Camille is going to buy ....   **(1 mark)**

(b) Mamadou would like to buy ....   **(1 mark)**

(c) Carine is going to buy ....   **(1 mark)**

Shopping for food

Buying food

1   Listen to these people buying food.

Complete the sentences. Use the correct word from the box.

> mushrooms   cauliflower   cabbage
>
> eggs   ham   jam

(a)   The customer would like some ....   **(1 mark)**

(b)   The shopkeeper has no ....   **(1 mark)**

(c)   The customer wants to buy ....   **(1 mark)**

Faire les courses

2   Tu es en France et tu postes cette photo sur des médias sociaux pour tes amis.

Fais une description de la photo **et** exprime une opinion sur les magasins en France.

Écris 20–30 mots environ **en français**.

....

....

....

....   **(12 marks)**

Social media

Translation

1 Translate this passage **into English**.

> Je passe beaucoup de temps sur les réseaux sociaux. Je crois que je ne pourrais pas vivre sans mon portable. Je sais qu'il existe plein de dangers, mais c'est un moyen efficace de se renseigner sur les événements mondiaux. Je peux aussi suivre les activités de mes copains et, récemment, une copine a posté une photo de son chien en ligne et nous l'avons tous trouvée amusante.

passe – Be careful – this doesn't mean that she is passing something, so find an alternative which makes sense.

pourrais – Be careful with the tense.

il existe – This is just a different way of saying *il y a* in French.

a posté – Remember that this is a past tense.

....
....
....
....
....
....
....

(7 marks)

Role-play: Opinions about social media

2 You are talking to your Belgian penfriend about social media. The teacher will play the role of the penfriend and will speak first. You must address your penfriend as *tu*.

Prepare your answers, then practise saying them aloud.

Tu parles avec ton ami(e) belge au sujet des médias sociaux.

> Je viens de poster une photo en ligne.

1   Opinion sur Facebook – raison

> Comment utilises-tu Internet pour ton travail scolaire?

2   Recherches

> Moi aussi. Qu'est-ce que tu as fait en ligne hier soir?

3   !

> C'est intéressant.

4   ? Utilisation d'Internet

> As-tu une question?

Remember to use *tu* with a friend.

> Je tchatte avec mes copains.

5   ? Opinion – réseaux sociaux

> As-tu une autre question?

> Je pense qu'ils sont excellents.

Technology

Using the internet

1 Read these views on internet use.

> - On peut acheter ses billets de train sur Internet.
> - Pour mes devoirs, Internet est très pratique.
> - Sur Internet, les livres coûtent moins cher.
> - Les parents doivent limiter le temps que leurs enfants passent sur Internet.
> - Je n'imprime pas beaucoup de documents.
> - À mon avis, mon frère passe trop de temps sur Internet.
> - Sur Internet les sondages sont très populaires.
> - Malheureusement, il n'y a pas d'Internet dans notre village.
> - Je trouve que mon clavier est trop petit.

Put a cross [×] next to the **four** ideas mentioned above.

A	Spending too much money on internet purchases	☐
B	Size of keyboard	☐
C	Buying bus tickets online	☐
D	Internet not available locally	☐
E	Cost of printing documents	☐
F	Opinion polls	☐
G	Saving money on the cost of books	☐
H	Parents spending too much time online	☐

> Don't just rely on spotting a word that seems to be related to the answer. Make sure you are really sure it is right before answering.

(4 marks)

Conversation: Using technology

2 As part of a conversation topic, you might talk about your usage of the internet.
Prepare answers to these questions and then speak for about 30 seconds on each one.

(a) Tu aimes faire des achats en ligne? Pourquoi (pas)?

> Remember to add a reason.

(b) Tu as souvent téléchargé de la musique?

> Refer to a specific example to show that you can use past tenses correctly.

(c) Comment vas-tu utiliser la technologie la semaine prochaine?

> This gives you the chance to show that you can use future time frames

Internet pros and cons

Avantages et inconvénients

1 Lis ce passage au sujet d'Internet, écrit par Ruvimbo. Complète chaque phrase en utilisant une phrase de la case. Attention! Il y a des phrases que tu n'utiliseras pas.

> La plupart du temps, je pense qu'Internet est une bonne chose parce que cela nous permet de faire plein de choses qui nous semblaient n'être qu'un rêve quand j'avais dix ans. Ce soir, une fois que j'aurai terminé mes devoirs, je passerai plus d'une heure à chercher des cadeaux sur Internet, sachant que je pourrai trouver les choses que je veux offrir à ma famille à Noël. En plus, ça me coûterait peut-être plus cher de tout acheter dans les magasins. D'habitude, je me débrouille pour tout commander avant le quinze décembre, mais cette année, je n'ai pas l'argent nécessaire pour terminer mes achats car je ne suis jamais payée avant le vingt du mois.
>
> Tout à l'heure, je vais même pouvoir bavarder avec mes cousins au Ghana, sans avoir besoin d'utiliser le téléphone. Mais je vais me dépêcher car je dois éteindre l'ordinateur avant dix heures.
>
> Cependant, imaginez le sentiment d'horreur d'une de mes collègues le mois dernier! Elle vérifiait que son salaire était bien sur son compte bancaire et a vu que quelqu'un lui avait volé tout son argent. Au début, la banque n'a pas voulu écouter ma collègue, disant qu'elle aurait dû mieux protéger ses informations personnelles. La banque a mis trois semaines à rembourser l'argent volé et à vérifier qu'elle n'avait pas donné son mot de passe à une autre personne.

Complétez le phrases.

(a) Internet donne la possibilité ....

(b) Pour finir ses achats de Noël, Ruvimbo ....

(c) Ruvimbo utilise Internet ....

(d) L'ordinateur de Ruvimbo ne reste pas allumé ....

(e) La collègue de Ruvimbo ....

(f) La banque n'a pas eu très envie de ....

> toute la soirée   aura besoin d'attendre   va vérifier son compte bancaire
>
> a eu une mauvaise surprise   de faire beaucoup de choses
>
> rembourser l'argent volé   croire sa cliente
>
> économisera de l'argent dans les magasins   pour parler avec d'autres personnes

(6 marks)

Le pour et le contre

2 Écoute André parler des avantages et des inconvénients d'Internet.

Trouve les **quatre** bonnes phrases. Mets une croix [×] dans la case correcte.

A	Rester en contact avec des copains	☐
B	Le cyber harcèlement	☐
C	Faire des achats en ligne	☐
D	Télécharger de la musique	☐

E	Le vol d'identité	☐
F	Favoriser des habitudes malsaines	☐
G	L'addiction et la dépendance	☐
H	La recherche de l'information	☐

(4 marks)

Arranging to go out

Listen to the recording

Where shall we go?

1   These young people are inviting their friends out. Where do they suggest?

Listen to the recording and put a cross [×] in each one of the **four** correct boxes.

A	leisure centre	☐
B	park	☐
C	swimming pool	☐
D	sports stadium	☐
E	cinema	☐
F	shopping centre	☐

(4 marks)

Excuses, excuses!

2   Patrick is inviting friends to go out. Read their replies to his invitation.

- Je suis désolée mais je dois me laver les cheveux.
- Mes parents disent que je dois préparer le repas de ma sœur.
- Je suis malade.
- Je n'ai pas le temps.
- Je n'aurai pas mon argent de poche avant demain.
- Il va y avoir du brouillard ce soir.
- Je serai trop fatiguée pour y aller.
- Maman dit que je dois me coucher à neuf heures.
- Ce soir, je vais être obligée de faire la cuisine pour mon frère.

Identify the excuses given. Put a cross [×] in each one of the **four** correct boxes.

A	I've spent my pocket money.	☐
B	I'm feeling unwell.	☐
C	I'll be too tired.	☐
D	I need to play with my sister.	☐
E	I need to prepare my brother's meal.	☐
F	The weather will be cold.	☐
G	I don't get my pocket money until tomorrow.	☐
H	I must go out with my parents.	☐

(4 marks)

Hobbies

Les passe-temps

1   Ton ami Alain t'a envoyé un e-mail au sujet de ses passe-temps.

Écris une réponse à Alain. Tu **dois** faire référence aux points suivants:

- quels sont tes passe-temps le week-end et pourquoi
- ce que tu as fait le week-end dernier
- ce que tu vas faire le week-end prochain
- un nouveau passe-temps que tu voudrais essayer.

Écris 80–90 mots environ **en français**.

> Make sure you cover all the bullet points.

Guided

Ma passion, c'est ....

....

....

....

....

....

....

.... **(20 marks)**

Picture-based task: Leisure activities

> To practise speaking activities like this, you can prepare a list of possible answers to questions on certain topics which could be useful here from question (b) onwards. Try to be flexible and adapt what you know or have tried to learn when you are asked questions in response to a photo or as part of a more general conversation.

2   Regarde la photo et prépare des réponses aux questions suivantes.

(a) Décris-moi la photo.

(b) Moi, je n'aime pas les jeux vidéo. Quel est ton avis? Pourquoi?

(c) Parle-moi d'un passe-temps que tu avais quand tu étais plus jeune.

(d) Qu'est-ce que tu vas faire pendant ton temps libre la semaine prochaine?

(e) Tu penses que les jeunes devraient être plus actifs? Pourquoi (pas)?

> Try to add some development to your answers, for example by adding opinions and reasons.

Music

Un événement musical

1 Tu participes à un événement musical en France. Tu postes cette photo sur des médias sociaux pour tes amis.

Écris une description de la photo et exprime une opinion sur la musique.

Écris 20–30 mots environ **en français**.

Don't try to describe everyone – there isn't enough space!

....

....

....

....

....

....

(12 marks)

Conversation: Musical activities

2 As part of a conversation topic, you might talk about your musical knowledge. Prepare answers to these questions and then speak for about 30 seconds on each one.

(a) Tu joues d'un instrument de musique?

(b) Quelle sorte de musique préfères-tu? Pourquoi?

Don't just say *Oui/Non*. Add a detail or explain why.

(c) Décris un concert auquel tu as assisté.

Don't worry if you have never been to a concert – just make one up.

Sport

A sports fan

1 Read this article about Stéphanie's sport routine.

> Je m'appelle Stéphanie et je m'intéresse à tous les sports. Je pense aussi que le sport est bon pour la santé. Par contre mon père n'est pas d'accord parce qu'il s'est fait très mal à la main en jouant au rugby la semaine dernière. Pendant l'hiver, je joue au rugby au collège, mais ce n'est pas mon sport favori.
>
> Ça fait plus de cinq ans que je fais de la natation. J'essaie d'aller à la piscine deux ou trois fois par semaine, mais je n'y vais pas si ma mère ne peut pas m'y emmener en voiture. Je n'y vais jamais en bus parce que je n'aime pas attendre à l'arrêt d'autobus. La plupart de mes amis aiment bien faire de la natation.
>
> Si j'ai de bonnes notes aux examens en juin, je vais continuer mes études. Ma profession idéale, ce serait professeur d'EPS. Je serais alors obligée de faire trois ans d'études universitaires pour y arriver. Sinon, j'aimerais bien devenir monitrice de ski. Par contre, j'apprécierais moins l'idée de travailler dans un centre sportif où il y aurait trop d'adultes.

Put a cross [×] in the correct box.

> Know how to spot **relevant** details, not necessarily those which first attract your attention.

(a) Stéphanie's father …

☐	**A** will be playing rugby next week
☐	**B** recently injured his hand
☐	**C** has not played rugby for months

(b) Swimming is a sport Stéphanie began …

☐	**A** two or three weeks ago
☐	**B** over five years ago
☐	**C** more than a month ago

(c) If her mum can't drive her to the pool, Stéphanie …

☐	**A** doesn't go swimming
☐	**B** visits one of her friends
☐	**C** takes the bus to the pool

(d) Stéphanie would really prefer to …

☐	**A** work in an office
☐	**B** become a teacher
☐	**C** train to be a skiing instructor

(4 marks)

C'est quel sport?

2 Écoute ces jeunes parler de sport.

Complète les phrases en mettant une croix [×] dans la case correcte.

(a) Sacha aime …

☐	**A** les sports d'équipe
☐	**B** la natation
☐	**C** jouer au volley
☐	**D** tous les sports

(b) Romelu aime mieux …

☐	**A** le rugby
☐	**B** la boxe
☐	**C** les sports nautiques
☐	**D** le foot

(c) Ariane déteste …

☐	**A** jouer au basket
☐	**B** faire du cheval
☐	**C** faire du vélo
☐	**D** aller à la pêche

(3 marks)

Reading

La lecture

1 Traduis les phrases suivantes **en français**.

(a) I like reading comics.

> Notice how the present participle, ending in '-ing' in English, is translated by **an infinitive** in French.

J'aime lire des bandes dessinées.   **(2 marks)**

(b) My brother likes to read.

.... **(2 marks)**

(c) I don't like to read the newspaper every day.

.... **(2 marks)**

> You could use *on* for 'you', which uses the same part of the verb as *il* or *elle*.

(d) You can read magazines online.

....

.... **(3 marks)**

(e) Next weekend I would like to read a detective novel.

> The word for 'detective' is an adjective here – remember that in French most adjectives come after the word they describe.

....

.... **(3 marks)**

Translation

> Make sure you read back what you have written to make sure that it sounds natural and makes sense.

2 Translate this passage **into English**.

> Je lisais un roman historique quand ma mère est entrée dans le salon. Puisqu'elle ne lit que des magazines de mode, elle m'a regardée d'un air négatif. Pourtant j'ai continué à lire, car la lecture est ma grande passion. Je lis n'importe quoi mais de préférence des histoires d'amour parce qu'on peut s'échapper de la vie de tous les jours et oublier tous ses soucis.

> *Je lisais* – This is an imperfect tense, so remember how to translate this.

> *ne ... que* – This is not really a negative – take care.

> *m'a regardé* – Remember that *m'* is a pronoun so it comes before the verb in French but not in English!

....

....

....

....

....

....

.... **(7 marks)**

Films

At the cinema

1 Read the following article.

Si vous aimez le cinéma, profitez de nos offres exceptionnelles pour le mois de janvier
Tout le monde peut profiter de ces réductions! Mais n'hésitez pas trop avant de réserver vos billets, car les places vont partir très vite.
Dans la salle de cinéma, n'oubliez pas d'être à votre place avant le début de la séance et d'éteindre votre portable. Nous vous en remercions d'avance.
Bien entendu, on invite les personnes de tout âge à venir voir les films, mais pensez surtout aux jeunes enfants qui se fatiguent facilement et qui perdent souvent leur concentration pendant les séances du soir.
Rappelez-vous également que nos chers clients peuvent garer leur voiture gratuitement et en toute sécurité dans notre parking souterrain.

Answer the following questions **in English**.

(a) During January, who can take advantage of the reduced-price seats?

.... **(1 mark)**

(b) Why exactly is early booking advised? .... **(1 mark)**

(c) What must spectators not forget to do, once in the screening room?

(i)   ....

(ii) .... **(2 marks)**

(d) Give two reasons why bringing children to evening films may not be advisable.

(i)   ....

(ii) .... **(2 marks)**

(e) Name two advantages of using the cinema's own car park.

(i)   .... (ii) .... **(2 marks)**

An interesting film

2 You hear Romain talking about a film he has seen. Listen to the recording and complete the sentences by putting a cross [×] in the correct box for each question.

Listen to the recording

(a) Romain saw a …

A	documentary	☐
B	horror film	☐
C	crime film	☐
D	romantic comedy	☐

(b) He saw the film in …

A	Britain	☐
B	Bruges	☐
C	Quebec	☐
D	France	☐

(c) The film was …

A	subtitled	☐
B	in black and white	☐
C	in English	☐
D	in Spanish	☐

(d) The main character was the …

A	hired killer	☐
B	victim	☐
C	town of Bruges	☐
D	student	☐

(4 marks)

TV

What's on?

1   Aline and her husband Frédéric are discussing television programmes.

Complete the sentences. Use the correct word or phrase from the box.

> factual programmes   ~~films~~   news
> cartoons   game shows   soap operas

> Try to work out what you are going to hear when the French speaker mentions these types of programme.

Example: Aline likes watching films.

(a)   Aline is bored by the .... **(1 mark)**

(b)   Frédéric recommends the .... **(1 mark)**

(c)   Aline likes to watch the .... each evening. **(1 mark)**

(d)   For Aline, the .... are on too late. **(1 mark)**

Un article sur la télé

2   Un magazine français cherche un article sur la télé.

Écris un article pour intéresser les lecteurs au sujet de tes préférences en ce qui concerne la télé.

Tu **dois** faire référence aux points suivants:

• ce que tu aimes regarder à la télé et pourquoi

• une émission que tu as vue récemment

• un programme que tu voudrais regarder à l'avenir

• ton lieu préféré pour regarder des films.

> It is important to cover all the points mentioned. Don't forget to give and justify your opinions.

Justifie tes idées et tes opinions.

Écris 130–150 mots environ **en français**.

....

....

....

....

....

....

....

....

....

....

> Continue on lined paper if you need more space.

....   **(28 marks)**

Celebrations

La fête de Pâques

1 Lis cet article sur Pâques et réponds aux questions **en français**.

> Pâques est avant tout une fête chrétienne très répandue en France, célébrée en souvenir de la Résurrection de Jésus. C'est l'occasion de grandes messes et de processions religieuses mais c'est aussi un jour de joie où les familles et les amis se retrouvent et profitent de ce moment de fête pour savourer des plats délicieux, y compris de l'agneau, et bien sûr beaucoup de chocolat!
>
> Les enfants cherchent, dans la maison et le jardin, des œufs en chocolat que, selon une tradition qui date du onzième siècle, les cloches de Rome ont fait tomber du ciel. Naturellement ce sont en fait les parents qui les ont cachés. Puisque les Français sont un peu gourmands, on ne consomme pas que des œufs en chocolat, mais aussi des lapins et des poissons en chocolat (peut-être en référence au poisson d'avril).

(a) Pourquoi est-ce qu'on célèbre Pâques, selon l'article?

.... **(1 mark)**

(b) Comment sait-on que c'est une fête religieuse en France?

.... **(2 marks)**

....

(c) Selon l'article, qu'est-ce qu'on mange à Pâques à part du chocolat?

.... **(1 mark)**

(d) Selon la tradition, d'où viennent les œufs trouvés dans la maison et le jardin?

.... **(1 mark)**

(e) À part les œufs, quelles autres formes en chocolat est-ce qu'on mange?

.... **(2 marks)**

Picture-based task: Celebrating birthdays

2 Regarde la photo et prépare des réponses aux questions suivantes.

(a) Décris-moi la photo.

(b) Moi, je vais au ciné pour fêter mon anniversaire. Et toi?

(c) Qu'est-ce que tu vas faire pour célébrer ton anniversaire l'année prochaine?

(d) Mon anniversaire, c'est ma fête préférée. Quelle est ton opinion?

(e) Tu crois qu'on mange et boit trop aux fêtes? Pourquoi?

Festivals

Astropolis festival

1 Read this text about a music festival.

> Le festival Astropolis L'hiver a lieu en janvier depuis plus de vingt ans, alors c'est le plus ancien festival de musique électronique en France. Brest, à mi-chemin entre Moscou et New York, est un rendez-vous pratique et animé pour ceux qui adorent ce style de musique. Il y a des ateliers où on peut apprendre à jouer de la batterie, et des spectacles de groupes célèbres du monde entier. Un billet ne coûte que cent euros pour trois jours de musique intense.
>
> Sur présentation de votre billet d'accès au festival, une jolie gamme d'hôtels partenaires vous propose des tarifs réduits. Au centre commercial et au port, il y a tout ce qu'il faut si on a faim ou soif mais on recommande les crêperies en particulier.
>
> Si vous souhaitez être bénévole sur Astropolis, faites une demande sur notre site Web.

Put a cross [×] next to each one of the **four** correct statements.

A	Astropolis festival will be 20 years old in January.	☐
B	It is the oldest electronic music festival in France.	☐
C	It takes place in Moscow and New York too.	☐
D	There are workshops at the festival.	☐
E	You can learn to play the drums at the festival.	☐
F	A ticket for the festival costs less than 100 euros for 3 days.	☐
G	Local pancakes are recommended.	☐

(4 marks)

Which festival?

2 Listen to these three young people talking about festivals.

Which festival are they talking about?

Choose the correct festival from the box.

Listen to the recording

> New Year's Day   Christmas Eve   14 July
>
> Mother's Day   Saint Valentine's Day   April Fool's Day

(a) .... **(1 mark)**

(b) .... **(1 mark)**

(c) .... **(1 mark)**

Holiday preferences

Partir en vacances

1   Lis cet article.

> **Pierre:** Moi, je serai très content de partir en vacances, après avoir terminé les examens de fin d'année. On ne pourra pas partir avant le dix juin car l'un de mes amis ne passera son dernier examen que la veille. Puisque nous serons six à partir ensemble en vacances, il va falloir être d'accord sur notre choix de destination. Tous les autres veulent choisir la Grèce, alors que moi, je n'opterais jamais pour un pays où il risque de faire trop chaud pour moi en été.
>
> **Marie:** L'idée de partir en vacances entre amis, ça ne m'intéresse guère. Dans trois mois, je vais avoir vingt ans et je ne me sens pas pressée d'abandonner l'idée de partir en voyage avec mes deux sœurs aînées. La semaine prochaine, nous irons toutes les trois dans une agence de voyage pour réserver notre séjour de trois semaines au Maroc. Si on attend trop longtemps pour se décider, les prix vont peut-être flamber, ce qui nous est déjà arrivé il y a deux ans. Ce serait dommage!

Trouve les **quatre** bonnes phrases. Mets une croix [×] dans la case correcte.

A	Pierre partira en vacances le jour de son dernier examen.	☐
B	L'un des amis de Pierre doit passer un examen le neuf juin.	☐
C	Un seul ami de Pierre préférerait aller en Grèce.	☐
D	La Grèce, ce n'est pas la destination préférée de Pierre.	☐
E	Marie n'a pas trop envie de partir en vacances avec ses amis.	☐
F	Partir en vacances avec des amis, c'est ce que Marie voudrait vraiment.	☐
G	Selon Marie, le prix des vacances peut baisser si on attend plus longtemps.	☐
H	Les trois sœurs vont faire des réservations pour les prochaines vacances.	☐

(4 marks)

On discute des vacances

2   Ton ami français, Choudry, t'a envoyé un e-mail au sujet des vacances.

Écris une réponse à Choudry.

Tu **dois** faire référence aux points suivants :

- où tu préfères passer les vacances et pourquoi
- des vacances excellentes dans le passé
- ton opinion sur les vacances
- où tu voudrais voyager à l'avenir.

Écris 80–90 mots environ **en français**.

....

....

....

....

....

....   **(20 marks)**

Hotels

Role-play: At a hotel reception

1 You are booking accommodation for your family at the reception of a French hotel. The teacher will play the role of the receptionist and will speak first. You must address the receptionist as *vous*.

Vous êtes à la réception d'un hôtel en France. Vous réservez des chambres pour votre famille. Vous parlez avec le/la réceptionniste.

> Bonjour. Je peux vous aider?

1   Nombre de chambres et de personnes

> Quel type de chambres voulez-vous?

2   Type de chambres

> Quelles activités préférez-vous faire en vacances?

3   !

> Que prenez-vous pour le petit déjeuner?

4   Choix de petit déjeuner

> D'accord.

5   ? Parking

> Avez-vous une question?

> Oui.

Un hôtel différent

2 Lis ce texte.

Read the passage carefully, making sure that you find the exact place for each answer.

> Le palais était un vaste et bel hôtel bâti en pierre au commencement du dix-septième siècle par un docteur en théologie. C'était un vrai logis luxueux où tout avait un grand air, les chambres, les salons, la cour d'honneur, fort large avec des promenoirs à arcades selon l'ancienne mode florentine et les jardins, plantés de magnifiques pommiers. Sur la pelouse devant l'hôtel, il y avait une foule de gens qui bavardaient sans cesse et qui regardaient l'entrée sans jamais tourner les yeux. Dans la salle à manger au premier étage, on prenait le petit déjeuner et le dîner, mais le déjeuner était servi seulement sur la terrasse même quand il faisait froid, ce qui était rare dans cette région.
>
> **(Adapted from *Les Misérables* by Victor Hugo)**

Mets une croix [×] dans la case correcte.

(a) L'hôtel a été construit …

☐	**A** pour servir d'hôpital
☐	**B** au dix-septième siècle
☐	**C** par un roi
☐	**D** par un médecin

(b) Dans les jardins il y avait …

☐	**A** des arbres
☐	**B** des arcades
☐	**C** des plantes de toutes sortes
☐	**D** des bancs

(c) Les gens devant l'hôtel …

☐	**A** parlaient ensemble
☐	**B** ne regardaient jamais l'entrée
☐	**C** allaient à la salle à manger
☐	**D** avaient mal aux yeux

(d) On servait le déjeuner …

☐	**A** dans le salon
☐	**B** dans la salle à manger
☐	**C** sur la terrasse
☐	**D** à midi

(4 marks)

Campsites

My camping holidays

1   Emma is talking about her camping holidays.

What does she mention? Listen to the recording and put a cross [×] in each one of the **four** correct boxes.

A	The meals	☐
B	Making the beds	☐
C	Sharing with her sister	☐
D	The beds	☐
E	Eating at a restaurant	☐
F	Doing the washing-up	☐
G	Getting on with her parents	☐

(4 marks)

Picture-based task: Camping holidays

2   Regarde la photo et prépare des réponses aux questions suivantes:

(a) Décris-moi la photo.

(b) Moi, j'adore faire du camping. Quelle est ton opinion?

(c) Quels sont les avantages et les inconvénients du camping?

(d) Tu vas faire du camping l'année prochaine?

(e) Tu as déjà fait du camping en France?

Accommodation

Holiday accommodation

1 These young people are talking about their holidays.

Where do they stay? Listen to the recording and put a cross [×] in each one of the **four** correct boxes.

Listen to the recording

A	cousin's house	☐
B	hotel	☐
C	city flat	☐
D	summer camp	☐
E	rented house	☐
F	youth hostel	☐

(4 marks)

Mon logement préféré

2 Traduis les phrases suivantes **en français**.

> Use *loger* for 'to stay'.

(a) I prefer to stay in a hotel.

.... **(2 marks)**

(b) My brother likes to go camping.

.... **(2 marks)**

> Remember that the word for 'parents' will need the *ils* part of the verb and that the definite article ('the') is needed before the word for 'caravans' in French.

(c) My parents don't like caravans.

....

.... **(2 marks)**

> The adjective 'expensive' will need to agree with the word for 'hotels'.

(d) I think that hotels are very expensive.

....

....

.... **(3 marks)**

(e) Last year I stayed in a big hotel at the seaside for two weeks.

....

....

.... **(3 marks)**

Had a go ☐   Nearly there ☐   Nailed it! ☐

Holiday destinations

Où aller en vacances?

1   Lis ce que dit Amélie sur les choix de vacances.

> Il n'y a rien de plus beau qu'un paysage couvert de neige.
>
> Mon dernier séjour à la montagne, c'était comme un beau rêve! Bien sûr, je n'aurais jamais pu résister à cette gentille invitation de partir la veille de Noël en vacances de neige. Mais on ne peut pas imaginer comme c'est cher de faire du ski! Déjà, la location d'un appartement, ça coûte pas mal d'argent. Ensuite, il ne faut pas oublier les skis qu'on doit louer, sauf si on décide d'en acheter.
>
> Je suis sûre que je vais être obligée de dépenser moins d'argent pour mes prochaines vacances. Alors, où est-ce que je vais partir cette année? Je n'en sais rien. Moi, passer mes vacances à la plage en train de me faire bronzer? Ce qui est sûr, c'est que je m'y ennuierais énormément. Peut-être que j'aurai envie de passer une petite semaine tranquille à la campagne, car j'en ai marre de faire du tourisme dans les grandes villes.

Trouve les **quatre** bonnes phrases. Mets une croix [x] dans la case correcte.

A	Amélie had a dream about beautiful mountain holidays.	☐
B	Amélie refused the invitation to go skiing.	☐
C	The ski trip departed the day before Christmas Day.	☐
D	Skiing costs more than one imagines.	☐
E	Well-located apartments are expensive to rent.	☐
F	The next holiday will cost as much as Amélie's last one.	☐
G	Amélie is not keen on beach holidays.	☐
H	Amélie has already visited some major cities.	☐

(4 marks)

Going on holiday

2   You hear these people talking about where they spend their holidays. Where do they go? Listen to the recording and put a cross [x] in each one of the **four** correct boxes.

Listen to the recording

A	mountains	☐
B	beach	☐
C	big cities	☐
D	small village	☐
E	lake	☐
F	countryside	☐

(4 marks)

Travel

Conversation: Travel experiences

1. As part of a conversation topic, you might talk about your opinions on travel. Prepare answers to these questions and then speak for about 30 seconds on each one.

   (a) Tu aimes voyager? Pourquoi (pas)?

   > **Guided**   Moi, j'aime bien voyager car ...

   (b) Tu voudrais visiter quels pays? Pourquoi?

   (c) Tu as déjà visité quels pays? Qu'en penses-tu?

> Make sure that you are well prepared for questions about holidays and remember that there is no need to tell the truth. It is better to use words you know or have prepared rather than try to recall words on the spot.

> Try to add a detail to every part of your answer.

Une lettre au maire

2. Tu vas visiter ta ville jumelée en France. Tu écris au maire. Écris
   - quand tu vas arriver
   - tes activités
   - où tu vas loger
   - pourquoi tu aimes la France.

   Il faut écrire en phrases complètes.

   Écris 40–50 mots environ **en français**.

> No need to put addresses at the top, just write the letter!

> Make sure that you cover all the points, including a reason in the last bullet point.

> **Guided**   Je vais arriver dans votre ville pendant les grandes vacances, le 25 juillet.

J'ai l'intention de … ....

....

....

....

....

....

....

....

.... **(16 marks)**

Had a go ☐   Nearly there ☐   Nailed it! ☐

Holiday activities

Translation

1   Translate this passage **into English**.

> To prepare for this kind of task, be sure to learn and revise vocabulary in topics. Revising 'holiday activities' words as a group will help you remember the difference between *randonnée* and *escalade,* for example.

> Je ne supporte pas les vacances où on ne fait rien car j'aime être toujours actif. L'année dernière je suis allé faire du ski au Canada et cette année j'irai en Allemagne. J'espère y faire de l'escalade et de longues randonnées à la montagne. Par contre, ma sœur préfère s'allonger au soleil, lire un roman policier ou faire les magasins.

> *toujours* – This will need to be translated in a slightly different position in English.

> *y* – This is also in a different position in French than English.

....

....

....

....

....

....

....

.... **(7 marks)**

Discussing holidays

2   Fadela and Paul are looking at holiday brochures. Listen to the recording and answer the following questions **in English**.

Listen to the recording

(a) Where in Morocco would Fadela like to go?

.... **(1 mark)**

(b) Why would Paul prefer the holiday in Spain to the holiday in Morocco?

.... **(1 mark)**

(c) What sport would Fadela like to do in Italy?

.... **(1 mark)**

(d) For Paul, what is the attraction of cycling in Spain?

.... **(1 mark)**

Holiday plans

Projets pour les vacances

1 Lis cette lettre de Xavier.

> Chère Marianne,
>
> Je vais te parler de ma future visite en Espagne.
>
> L'année dernière, nous y sommes allés en famille, mais cette année, pour changer un peu, je vais y retourner avec mes amis. Je m'ennuie pendant les longs voyages, mais notre vol de nuit ne va durer que deux heures trente. Je n'aimerais pas prendre le bateau pour y aller!
>
> D'habitude, les vacances à Marbella coûtent cher, mais comme nous allons loger dans l'appartement de ma tante, notre logement sera gratuit. Le soir, nous aurons la possibilité de préparer nos propres repas. Comme activité de vacances, je vais faire de la voile. Moi, je refuse de me faire bronzer sur la plage parce que c'est barbant.
>
> Vive les vacances!   Xavier

Mets une croix [×] dans la case correcte.

(a) Xavier passera ses vacances …

☐	**A** avec des copains
☐	**B** avec sa famille
☐	**C** avec sa famille et ses copains
☐	**D** seul

(b) Ils vont prendre …

☐	**A** le train
☐	**B** l'avion
☐	**C** le bateau
☐	**D** le car

(c) Ils vont loger …

☐	**A** dans une grande maison
☐	**B** chez un copain
☐	**C** chez sa tante
☐	**D** dans un hôtel

(d) Le logement …

☐	**A** coûtera cher
☐	**B** sera pratique
☐	**C** sera difficile
☐	**D** sera loin du centre-ville

(e) Xavier ne va pas …

☐	**A** faire de la voile
☐	**B** faire de la planche à voile
☐	**C** loger dans un appartement
☐	**D** se faire bronzer

(5 marks)

Listen to the recording

My next holiday

2 Paul is talking about going on holiday to Morzine. Complete the sentences.
Use the correct word or phrase from the box.

(a) Paul is going with …	
(b) They will stay in …	
(c) In the mornings he will …	
(d) In the afternoons he will …	
(e) In the evening he will …	

> ski   near a cable car
>
> his whole family   climb
>
> swim   eat out   eat in
>
> a self-catering chalet
>
> take long walks

(5 marks)

Had a go ☐   Nearly there ☐   Nailed it! ☐

Holiday experiences

Listen to the recording

Holiday memories

1 Listen to Juliette talking about a holiday.

Put a cross [×] next to the **four** statements which apply **only** to her friend Lucie and not to Juliette herself.

A	She sent a text message to her friend.	☐
B	She went to museums with her parents.	☐
C	She spent a holiday in Bordeaux.	☐
D	She travelled by train.	☐
E	She travelled by plane.	☐
F	She went to the beach without her friend.	☐
G	She was bored on the journey.	☐

(4 marks)

Les vacances en famille

2 Un magazine français cherche des articles sur les vacances en famille. Écris un article pour intéresser les lecteurs sur des vacances récentes que tu as passées en famille. Tu **dois** faire référence aux points suivants:

- où tu es allé(e) et pourquoi ce choix de destination
- ton opinion sur les vacances en famille
- les activités les plus intéressantes
- des vacances que tu aimerais avoir à l'avenir.

Justifie tes idées et tes opinions. Écris 130–150 mots environ **en français**.

> Try to develop your ideas and make them more interesting by using adverbs and adjectives.

Guided

Je vais vous raconter les vacances que j'ai passées avec

ma famille à Menton dans le sud de la France l'été dernier. Nous y sommes allés parce

qu'un ami de mon père venait de passer des vacances merveilleuses là-bas.

....

....

....

....

....

....

....

....

> If you run out of space, continue your answer on lined paper. In the exam you will have more space than this.

(28 marks)

Transport

Conversation: Means of transport

1 As part of a conversation topic, you might talk about modes of transport.
Prepare answers to these questions and then speak for about 30 seconds on each one.

(a) Tu aimes voyager en train? Pourquoi (pas)?

> Je n'aime pas voyager en train parce que je trouve ça ennuyeux, surtout pour les longs voyages. J'écoute de la musique ou je lis, mais à mon avis ce n'est pas agréable.

(b) Tu préfères quel moyen de transport? Pourquoi?

(c) Comment peut-on voyager de l'Angleterre vers la France?

Les inconvénients des voyages

2 Traduis le passage suivant **en français**.

I hate travelling by car because I am often ill. For example, last summer I went to London with my parents but we had to stop as I had a headache. If possible I prefer to use my bike, but for longer journeys I take a coach. Next week my family is visiting my aunt in Spain but we are not travelling by plane because my parents are afraid of flying.

> In French, the present participle in 'I hate travelling' becomes an infinitive after 'I hate'.

> 'we had to stop' – Remember to use *s'arrêter* (a reflexive verb).

> Again, like 'travelling' above, 'going' becomes an infinitive in French.

> 'my family is visiting' – You can use the present tense in French to talk about the immediate future, just like in English.

....

....

....

....

....

....

....

....

....

....

....

....

....

....

(12 marks)

Directions

David's email

1 Read these directions to David's house.

> Salut Jeremy! Désolé, mais je ne pourrai pas venir te chercher à la gare. En sortant de la gare, ça te prendra une trentaine de minutes à pied. Pour venir chez moi, tourne à gauche à la sortie de la gare. Il y a une petite colline qui ne prend que cinq minutes à monter – ce sera plus facile demain soir quand tu seras sur le chemin du retour! Tourne à droite en face de la station-service. Puis vas tout droit jusqu'à la librairie. Là, si tu regardes bien, tu ne pourras pas rater notre magnifique mairie. Par contre, si tu passes directement devant un grand hôpital sur ta gauche, c'est que tu es allé trop loin!
>
> Fais très attention en traversant toutes les rues parce qu'il faut regarder d'abord à gauche, pas comme en Angleterre. Malheureusement, il n'y a que très peu de zones piétonnes chez nous.

Put a cross [x] next to the **four** correct statements.

A	There is a short hill to walk down.	☐
B	Part of the route is uphill.	☐
C	Turn right opposite a petrol station.	☐
D	There is a library along this route.	☐
E	At one point, the town hall is visible.	☐
F	The route passes in front of a hospital.	☐
G	Jeremy won't need to cross any roads.	☐
H	Pedestrian zones are rare where David lives.	☐

(4 marks)

Getting home

2 How do these teenagers go home? Listen to the recording and put a cross [x] in each one of the **four** correct boxes.

Listen to the recording

A	Turn left	☐
B	Go straight on	☐
C	Turn right	☐
D	Go down a hill	☐
E	Cross a bridge	☐
F	Go up a hill	☐

(4 marks)

Holiday problems

Un questionnaire en ligne

1 Un site Internet français pour les jeunes voudrait ton opinion sur les vacances.

Écris à ce site Internet.

Tu **dois** faire référence aux points suivants:

- les problèmes en vacances
- le prix des vacances
- des vacances de rêve
- un exemple de mauvais souvenirs de vacances.

Écris 80–90 mots environ **en français**.

> You do not have lots of space for development, but try to add opinions and details where you can.

....

....

....

....

....

....

....

....

....

.... **(20 marks)**

Les problèmes en vacances

2 Écoute ces jeunes parler des problèmes en vacances.

C'est quelle sorte de problème?

> Listen carefully, but not only for the words in the questions. Other words on the same topic will provide the answers you need.

Mets une croix [×] dans la case correcte. Il y a **trois** bonnes réponses.

Listen to the recording

A	transport	☐
B	logement	☐
C	temps	☐
D	repas	☐

(3 marks)

Asking for help

Role-play: Returning an item in a department store

1 You are talking to a shop assistant in a department store. The teacher will play the role of the assistant and will speak first. You must address the assistant as *vous*.

Vous êtes dans un grand magasin. Vous voulez rapporter un article que vous avez acheté.

> Bonjour. Je peux vous aider?

1   Article rapporté

> Quel est le problème?

2   Problème – taille, couleur

> Vous cherchez quel article?

3   !

> Ah bon. Celui-ci vous ira.

4   ? Pièce d'identité

> Avez-vous une question?

> Non, ce n'est pas nécessaire.

5   ? Échanger l'article

> Avez-vous une autre question?

> Oui, certainement.

> Putting *Je peux* in front of a verb and making your voice sound like a question is a good way of asking questions.

A theft

Listen to the recording

2 You hear a radio report about a theft. Listen to the recording and put a cross [×] in each one of the **four** correct boxes.

A	The thief wandered round the shop before the theft.	☐
B	The thief stole a football.	☐
C	The thief hid the item in his jacket.	☐
D	A shop assistant alerted the security guard.	☐
E	The shop manager phoned the police.	☐
F	The street outside was busy.	☐
G	The thief was caught but escaped.	☐

(4 marks)

> You will be expected to know a number of different types of pronouns, not only *le, la, les, lui, leur, y* and *en* but also *celui-ci*, etc.

> Are you clear about the difference between *avant de* (before) and *après avoir* (after having)?

Eating out in a café

A café in Nice

1 Read Wolfgang's account of café life in France.

> Manger au café en France, c'est toujours un grand plaisir pour moi. En général, je choisis les croissants, mais toujours sans beurre parce que je trouve que c'est meilleur avec un peu de confiture de fraise. Mais il est essentiel d'arriver dans un café avant dix heures pour en avoir!
>
> Tous les ans, nous allons dans le même petit café à Nice. Presque toute la famille trouve leur gâteau au chocolat délicieux. Je ne résiste jamais à une deuxième part parce qu'il est impossible de trouver ce dessert chez moi en Allemagne. J'ai demandé la recette mais c'est un grand secret!
>
> Le soir, nous ne mangeons pas souvent dans les cafés parce que nous préférons aller au restaurant.

Put a cross [×] next to the **five** correct statements.

A	Wolfgang always enjoys eating in French cafés.	☐
B	Wolfgang does not have butter on his croissants.	☐
C	In Wolfgang's opinion, raspberry jam improves the taste of the croissants.	☐
D	Wolfgang has found that cafés always sell all their croissants by ten o'clock.	☐
E	Wolfgang visits France at least three times a year.	☐
F	The whole family enjoys the chocolate cake.	☐
G	Wolfgang always has a second portion of cake.	☐
H	Back home in Germany, Wolfgang cannot buy the same dessert.	☐
I	The family often goes to cafés for the evening meal.	☐

(5 marks)

A quick snack

2 Loïc is out with his mother. Listen to him talking about what he would like to eat.

A	B	C	D	E	F
chips	water	cheese	sausage	sandwich	cakes

Listen to the recording

What does he not want ☹ and what does he want ☺ to eat? Put the four correct letters in the boxes.

☹	☺
Example: F	–

(4 marks)

Eating out in a restaurant

Reviewing a restaurant

1 Read Vincent's views about restaurants.

> La plupart des gens aiment bien dîner au restaurant. Pourquoi? Parce que cela évite un tas de travail! On n'a pas besoin d'acheter les ingrédients, c'est quelqu'un d'autre qui prépare le repas et on n'a pas de vaisselle à faire. Si vous habitez au cœur de Paris où il y a peu de places de parking, vous pouvez laisser votre voiture chez vous et prendre les transports en commun. En effet, ils sont excellents et des centaines de restaurants parisiens sont à votre disposition.
>
> Mais n'oubliez pas qu'il faut gagner un bon salaire pour aller manger au restaurant si on compte y aller plus d'une fois par semaine, surtout à Paris. À part quelques exceptions, mes amis et moi, nous n'y allons qu'une fois tous les quinze jours. Quel dommage! Nous aimerions bien dépenser plus pour les soirées au restaurant, mais ce n'est pas dans nos habitudes. Un pourcentage important de mon salaire est destiné à payer les factures mensuelles. J'essaie de les payer dès que je les reçois.

Choose the correct ending for each statement, according to the text above.

Example: En général, les gens aiment manger

.... D ....

A	ne dînent jamais au restaurant.
B	tous les quinze jours au restaurant.
C	plus souvent au restaurant.
D	au restaurant.
E	s'occuper d'autres personnes.
F	faire la vaisselle.
G	des centaines de bons restaurants.
H	énormément de restaurants.
I	ne peuvent pas dîner souvent au restaurant.

(a) Dîner au restaurant, cela évite de

....

(b) À Paris, on peut trouver

....

(c) Les gens moins bien payés

....

(d) Vincent et ses amis aimeraient aller

....

(4 marks)

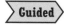

Picture-based task: Eating out

2 Regarde la photo et prépare des réponses aux questions suivantes.

(a) Décris-moi la photo.

> Sur la photo il y a une famille qui mange dans un restaurant. Je crois qu'il y a le père, la mère, deux enfants et les grands-parents. Les adultes boivent du vin et les petits boivent de l'eau. Tout le monde a l'air content.

(b) Je pense que manger au restaurant, c'est bien. Quel est ton avis?

(c) Quel est ton plat préféré? Pourquoi?

(d) Parle-moi d'un repas récent dans un restaurant.

(e) À quel restaurant aimerais-tu aller à l'avenir?

> Remember to add some details in response to (d): *Avec qui? Qu'est-ce que tu as pris? Où es-tu allé(e)? Pourquoi?*

> At Higher level, the last question is 'unpredictable' which means you won't be able to prepare for it. But it will be on the same topic, so take some time to think about relevant vocabulary and phrases that may come in useful.

> You could talk about a specific restaurant or a type of restaurant here.

Buying gifts

Shopping lists

1 Listen to these three people talking about what they are buying.

Complete the sentences. Choose the correct word from the box.

Listen to the recording

> sweets   flowers   earrings   chocolates
>
> gloves   perfume

(a) Louis is buying ....   **(1 mark)**

(b) Ariane is buying ....   **(1 mark)**

(c) Étienne is going to buy ....   **(1 mark)**

Role-play: In the souvenir shop

2 You are talking to a shop assistant in a souvenir shop. The teacher will play the role of the assistant and will speak first. You must address the assistant as *vous*.

Vous êtes dans un magasin de souvenirs.
Vous parlez au vendeur / à la vendeuse.

> Bonjour. Je peux vous aider?

1   Acheter cadeau

> Bien. Qu'est-ce que vous voulez?

2   Le cadeau que vous voulez

> Voilà. C'est pour qui?

Don't go into details, just say what type of gift.

3   !

> Ah oui, c'est pour une occasion spéciale?

4   Raison pour l'achat

> Quelle bonne idée!

Try to think of something simple.

5   ? Prix

> Avez-vous une question?

> Ça fait 50 euros.

Opinions about food

Who says what?

1 Read the following comments about food.

Avez-vous bien mangé?
Marianne: Je ne mange jamais au fast-food, même si je suis pressée.
Patrick: Qu'est-ce qu'on a bien mangé au restaurant grec hier soir! On va bientôt y retourner.
Freya: Ce café propose un bon choix de salades au déjeuner.
Ali: Pour le petit déjeuner, tout était à bas prix, sauf les croissants.
Mara: Si on va au fast-food, on ne perdra pas de temps.
Thierry: À mon avis, ce repas indien sera super. J'y ai mangé l'année dernière.
Ruby: Ce restaurant ne donnait que rarement des portions généreuses.
Joshua: On dit que ce petit café sert de bons croissants pour le petit déjeuner.
Ghislaine: Je n'ai pas pu finir le plat. Quelle énorme portion!

Who mentions the following? Write the correct names in the table below.

Example:	A café which offers a range of salads.	Freya
(a)	A meal enjoyed very recently.	
(b)	One advantage of eating at a fast-food restaurant.	
(c)	A recommendation on where to eat breakfast.	
(d)	The restaurant didn't tend to serve large portions.	

> If you spot an answer which seems to be correct at first glance, check the whole response, to be absolutely sure.

(4 marks)

Opinions about food

2 You hear these people talking about food. What foods do they mention? Listen to the recording and put a cross [×] in each one of the **four** correct boxes.

Listen to the recording

A	Fish	☐
B	Meat	☐
C	Crisps	☐
D	Cauliflower	☐
E	Potatoes	☐
F	Cheese	☐
G	Peas	☐

> Remember, this question is not asking you what *you* like and dislike. Listen carefully to the speakers to find out their opinions.

(4 marks)

Weather

Il fait mauvais temps

1 Lis cette conversation.

> «Madame la duchesse est sortie seule» a remarqué François.
>
> «Mais vous ne l'accompagnez pas» a répondu Haudoin. «Pourquoi?»
>
> «Parce qu'il faisait trop froid dehors» s'est exclamé François.
>
> «Trop froid?» a dit le duc, «mais il y avait du soleil hier, n'est-ce pas?»
>
> «Ah oui, mais il ne faisait que deux degrés et le vent était si fort» a répondu Haudoin.
>
> **(Adapted from *La Dame de Monsoreau* by Alexandre Dumas)**

Mets une croix [×] dans la case correcte.

(a) Madame la duchesse est partie …

☐	**A** avec François
☐	**B** accompagnée du duc
☐	**C** toute seule
☐	**D** avec des amies

(b) Selon François …

☐	**A** il faisait très froid
☐	**B** il faisait trop chaud
☐	**C** il faisait beau
☐	**D** le temps était ensoleillé

(c) Selon Haudoin il y avait …

☐	**A** du soleil
☐	**B** un orage
☐	**C** des nuages
☐	**D** du vent

(3 marks)

Today's weather

Listen to the recording

2 Listen to this weather report.

Choose words from the box to write the correct labels on the map.

> Before you listen, make sure you know how to say 'north', 'south', 'east' and 'west' in French.

sunny	cold	windy	foggy	raining	snowing

Paris

North

(e) ....

(a) ....

East

(b) ....

West

(d) ....

South

(c) ....

(5 marks)

Tourism

Bien préparer le départ en vacances

1 Lis le texte.

> Les préparations de vacances commençaient quinze jours avant le départ. On le savait bien parce que ma mère était comme d'habitude de mauvaise humeur; bien qu'elle soit calme et douce par ailleurs, quand elle fait les préparatifs de voyage, elle est grincheuse. Elle s'occupait des bagages, en se disant ce qu'il ne fallait jamais oublier: vêtements propres, sandales, lunettes de soleil, appareil photo et pièces d'identité. On dirait qu'elle voulait rester à la maison, mais en vérité, elle aimait vraiment partir en vacances.
>
> Une fois arrivée à la destination prévue, elle était la première à sortir en boîte, à regarder de près les bâtiments célèbres ou à organiser des excursions, mais ce qu'elle détestait, c'était faire les valises! Malheureusement elle ne l'a dit à personne.

Mets une croix [×] dans la case correcte.

(a) La mère était de mauvaise humeur …

☐	**A** une semaine avant de partir en vacances
☐	**B** deux semaines avant de partir en vacances
☐	**C** le week-end avant le départ
☐	**D** le jour du départ

(b) La mère parlait toute seule quand elle …

☐	**A** faisait du tourisme
☐	**B** s'habillait
☐	**C** faisait les valises
☐	**D** portait des sandales

(c) Elle ne voulait pas oublier …

☐	**A** les choses nécessaires
☐	**B** les bagages
☐	**C** la famille
☐	**D** son portable

(d) Elle aimait …

☐	**A** s'occuper des valises
☐	**B** rester à la maison
☐	**C** loger dans un hôtel près de la mer
☐	**D** faire beaucoup de choses en vacances

> Read the passage carefully and don't just assume that because a French word is in the passage and in one of the alternatives, that it must be the correct answer.

(4 marks)

Le tourisme au Canada

2 Tu es en vacances au Canada. Tu postes cette photo sur des médias sociaux pour tes amis.

Fais une description de la photo et exprime ton opinion sur les vacances.

Écris 20–30 mots environ **en français**.

....

....

....

....

.... **(12 marks)**

Describing a town

Ma ville / mon village

1 Tu écris un petit article au sujet de ta ville / ton village.
Écris:

- ce qu'il y a à voir dans ta ville / ton village et ce qu'il y a à faire
- ton opinion sur la ville / le village
- où tu voudrais habiter à l'avenir.

Il faut écrire en phrases complètes.

Écris 40–50 mots environ **en français**.

> Remember that the information doesn't have to be true. Use the vocabulary for buildings and towns that you know.

....

....

....

.... **(16 marks)**

Where I grew up

2 Read Marthe's description of the town where she grew up.

> J'ai passé une enfance qui n'avait rien d'extraordinaire dans une petite ville dans le nord-est de la France où je suis née. Je garderai toujours le souvenir de mon père et mon oncle qui rentraient, heureux d'avoir fini leur travail dans les mines et d'anticiper une soirée au cœur de leur famille.
>
> Il y a vingt ans, les mines ont été fermées définitivement et mon père était au chômage, alors un an plus tard ma famille a déménagé à Lyon et, heureusement, le lendemain de notre arrivée dans la ville, mon père a réussi à trouver un emploi comme ingénieur. Quelle chance! Mes parents y sont restés jusqu'à sa retraite quinze ans plus tard, quand ils sont repartis dans le Nord. Moi, j'habite toujours à Lyon mais l'ambiance chaleureuse de ma ville natale me manque de temps en temps.

Answer the following questions **in English**. You do not need to write in full sentences.

(a) What does Marthe say about her childhood?

.... **(1 mark)**

(b) Why were her father and uncle happy? Give **two** reasons.

....

.... **(2 marks)**

(c) What happened 20 years ago?

.... **(2 marks)**

(d) How long did it take Marthe's father to find work in Lyon?

.... **(1 mark)**

(e) What happened 15 years later?

.... **(1 mark)**

(f) What does Marthe miss about the town where she was born?

.... **(1 mark)** 47

Countries

Travelling abroad

Listen to the recording

1 These young people are discussing foreign travel.

Where are they going?

Complete the sentences. Use the correct word from the box.

Austria	Japan	Germany	Spain
Tunisia	Greece	Switzerland	China

> You might hear more than one country mentioned so listen carefully and check what you are listening for.

(a) Marion is planning to visit ....   **(1 mark)**

(b) Simon likes going to ....   **(1 mark)**

(c) Pauline would like to visit ....   **(1 mark)**

(d) Jean-Marc wants to go to ....   **(1 mark)**

Conversation: Visiting foreign countries

2 As part of a conversation topic, you might talk about foreign travel.
Prepare answers to these questions and then speak for about 30 seconds on each one.

(a) Tu as déjà visité quels pays?

(b) Tu voudrais visiter quels pays? Pourquoi?

(c) Quels sont les inconvénients de voyager à l'étranger?

> Try to think of disadvantages from your own experience first, but feel free to make them up. For example: *Si on ne parle pas bien la langue, cela peut poser des problèmes quand on voyage à l'étranger.*

Places to visit

Une destination touristique

1 Traduis le passage suivant **en français**.

I have already travelled abroad but I would really like to visit Australia because I have never been there. My parents would like to go to the theatre in Sydney and my sister would like to go to the well-known beaches over there because she likes doing water sports and sunbathing. I love nature, so it would be great to see wild animals and people have told me that it's a beautiful country.

> 'really' – This will come after 'would like' in French.

> 'I have never been there' – This becomes *ne … jamais* – think about where to place these two words in the sentence.

> 'it would be great' – Remember there is no word for 'would' in French – just use the correct part of the conditional form of the verb.

> 'people' – Use *on*.

....

....

....

....

....

....

....

.... **(12 marks)**

Role-play: At the travel agent's

2 You are staying in Paris on holiday and go to the travel agent's to book an excursion to Rouen. The teacher will play the role of the travel agent and will speak first. You must address the travel agent as *vous*.

À l'agence de voyages. Vous voulez faire une excursion à Rouen.

> Bonjour. Je peux vous aider?

1 Destination de l'excursion

> Ah bon. Quand voulez-vous partir et pourquoi?

2 Demain, activité préférée – raison

> Qu'est-ce que vous avez déjà visité à Paris?

3 !

> C'est intéressant, ça.

4 ? Restaurants – recommandation

> Avez-vous une question?

> Ah oui, il y a un bon restaurant italien, rue Beauvoisine.

5 ? Réduction étudiant

> Avez-vous une autre question?

> Non, je regrette.

Describing a region

Trouble in Paris

1 Lis ce passage.

> Un matin du mois de décembre, en se promenant en ville, Frédéric a remarqué dans la rue Saint-Jacques plus d'animation qu'à l'ordinaire. Les étudiants sortaient précipitamment des cafés, ou, par les fenêtres ouvertes, ils s'appelaient d'une maison à l'autre; les boutiquiers*, au milieu du trottoir, regardaient d'un air inquiet; les volets** se fermaient; et, quand il est arrivé dans la rue Soufflot, il voyait un grand rassemblement autour du Panthéon.
>
> Frédéric se trouvait auprès d'un jeune homme blond, et portant moustache et barbe. Il lui a demandé la cause du désordre.
>
> ‹‹Je n'en sais rien››, a répondu l'autre, ‹‹ni eux non plus!›› Et il a éclaté de rire.
>
> **(Adapted from _L'Éducation sentimentale_ by Gustave Flaubert)**

boutiquiers = shopkeepers
**volets = shutters*

Trouve les **quatre** bonnes phrases. Mets une croix [×] dans la case correcte.

A	Frédéric faisait une randonnée à la campagne.	☐
B	Les étudiants étaient assis au café.	☐
C	La rue n'était pas calme.	☐
D	Les boutiquiers ne semblaient pas contents.	☐
E	Il y avait beaucoup de gens au Panthéon.	☐
F	Frédéric a aidé un homme blond à porter ses bagages.	☐
G	L'homme blond ne savait pas ce qui est passé.	☐
H	L'homme blond semblait triste.	☐

(4 marks)

Picture-based task: A region of France

2 Regarde la photo et prépare des réponses aux questions suivantes.

> Make sure that you answer the questions using the correct tenses – question (d) will require a conditional and question (e) needs past tenses.

(a) Décris-moi la photo.

Guided

> Sur la photo il y a un vieux bâtiment au milieu d'une rivière. C'est la nuit et …

(b) Moi, j'aime habiter en ville. Et toi, qu'en penses-tu?

(c) Quels sont les désavantages d'habiter à la campagne?

(d) À l'avenir, où voudrais-tu habiter? Pourquoi?

(e) Tu as déjà visité la France?

Subjects

Which subject?

1 Which subject is being discussed? Write the correct letter next to each statement.

(a) J'aime bien l'histoire. ....

(b) Ma matière favorite est l'éducation physique. ....

(c) Mon amie préfère l'informatique. ....

(d) Le dessin, c'est super! ....

> Start with the items you can do most easily.

A	Geography
B	PE
C	Drama
D	Maths
E	French
F	Music
G	History
H	Art
I	IT

(4 marks)

My lessons

2 Lucas is talking about his lessons at school. What subjects does he mention?
Listen to the recording and put a cross [×] in each one of the **four** correct boxes.

Listen to the recording

A	German	☐
B	Physics	☐
C	English	☐
D	History	☐
E	Chemistry	☐
F	PE	☐
G	ICT	☐

> How well do you know the vocabulary which expresses opinion? Can you tell the difference between, for example, *ça me fait rire, ça m'est égal* and *ça ne fait rien*? These are all common expressions which you can find in the Foundation vocabulary list.

(4 marks)

Had a go ☐ **Nearly there** ☐ **Nailed it!** ☐

School life

La vie au collège

1 Traduis les phrases suivantes **en français**.

(a) I like my school.

J'aime mon collège. **(2 marks)**

Guided

(b) The buildings are old.

> Remember that the word for 'building' is masculine in French.

.... **(2 marks)**

(c) There are a lot of clubs.

> Remember which small word follows *beaucoup*.

.... **(2 marks)**

(d) My favourite subject is music because the teacher is kind.

....

.... **(3 marks)**

(e) Last year I went to Spain with my school.

....

.... **(3 marks)**

Picture-based task: At school

2 Regarde la photo et prépare des réponses aux questions suivantes.

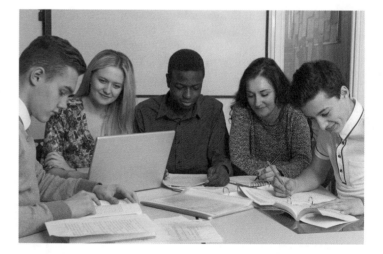

(a) Décris-moi la photo.

(b) J'aime mon école. Et toi, que penses-tu de ton collège?

(c) Quelles matières est-ce que tu n'aimes pas? Pourquoi?

(d) Tu étudies le français depuis combien de temps?

> Remember to use the present tense with *depuis* to translate the English phrase 'have been doing'.

(e) Que voudrais-tu faire l'année prochaine? Pourquoi?

> Don't forget to add a reason for your plans for next year.

School day

Conversation: School routine

1   As part of a conversation topic, you might talk about your school day. Prepare answers to these questions and then speak for about 30 seconds on each one.

(a) Décris ta routine scolaire le matin.

(b) Qu'est-ce que tu fais pendant l'heure du déjeuner?

(c) Qu'est-ce que tu as fait au collège hier?

> Try to use connectives and time phrases to add complexity and interest. A possible start might be *Après avoir préparé mes affaires, je vais au collège en car. Une fois arrivé(e) je vais directement à la salle de classe où on a l'appel.*

Likes and dislikes

2   Which parts of school life does Anton **dislike**?

Put a cross [×] in each one of the **four** correct boxes.

A	Manger à la cantine, c'est sympa.	☐
B	L'éducation physique, c'est trop fatigant.	☐
C	J'aime bien parler avec mes amis en classe.	☐
D	Mon professeur de dessin est amusant.	☐
E	Aller à l'école en autobus, c'est ennuyeux.	☐
F	Je n'aime pas faire la queue à la cantine.	☐
G	Mes cours d'italien sont nuls.	☐

> Take extra care if parts of instructions are in **bold** print.

(4 marks)

Had a go ☐   Nearly there ☐   Nailed it! ☐

Comparing schools

Marie compares schools

1 Read Marie's comparison of schools in Paris and London.

> Ici en France, ma semaine au collège commence à huit heures le lundi matin. En général, les cours durent une heure, mais ils sont souvent plus courts en Angleterre. Moi, je rentre chez moi à l'heure du déjeuner. Mes cours finissent assez tard l'après-midi, sauf le vendredi. En France, nous avons aussi cours le samedi matin. Quelle horreur!
>
> Mon correspondant anglais s'appelle Danny. Il est content d'être élève en Angleterre, mais il aime bien visiter la France. Il n'aime pas la couleur de l'uniforme qu'il porte, mais il dit que c'est confortable. Danny a des cours de religion, mais ce n'est pas sa matière préférée. Il pense que les professeurs sont plus sévères en France qu'en Angleterre.

Put a cross [×] next to each one of the **four** things mentioned.

A	Identical length of lessons in both cities	☐
B	Going home for lunch	☐
C	Very late finish to lessons on Fridays	☐
D	Dislike of Saturday morning lessons	☐
E	Danny's liking of school in the UK	☐
F	Danny's favourite subject	☐
G	Teachers being less strict in England	☐

> Where two or more people are mentioned in a text, make sure that each answer relates to the correct person.

(4 marks)

Adapting to an English school

2 Lisa is talking to her mother on the telephone. What does she tell her? Listen to the recording and put a cross [×] in each one of the **four** correct boxes.

Listen to the recording

A	School starts earlier than in France.	☐
B	School starts at 8.45 am.	☐
C	School starts later than in France.	☐
D	In France she drinks coffee at break time.	☐
E	She must stay in school all day.	☐
F	She can go to the café at break time.	☐
G	She enjoyed the concert.	☐

> Revise basics! Although this is a Higher level question, you must be absolutely sure that you know the difference between all the different ways of telling the time.

(4 marks)

Describing schools

Role-play: My school

1 You are at school talking to a French exchange student. The teacher will play the role of the exchange student and will speak first. You must address the exchange student as *tu*.

Au collège. Tu parles à un étudiant français qui participe à un échange.

> Salut. Les cours commencent à quelle heure?

1   L'heure du commencement – cours

> Ah bon. Tu as fait beaucoup de devoirs hier?

2   Devoirs

> D'accord. Il y a quels clubs à ton collège?

3   !

> C'est bon, ça.

4   ? Matière préférée

> As-tu une question?

> Moi, je préfère les maths car c'est intéressant.

5   ? Sports pratiqués – collège français

> As-tu une autre question?

> On peut faire une gamme de sports mais moi, j'aime bien le badminton.

Un élève français

2 Traduis le passage suivant **en français**.

My friend, Marc, goes to a big mixed school in the north of France. He likes school very much but he finds English very hard. I went to his school last year and it was quite interesting. Lessons start earlier than in England and the students do not wear a school uniform. Marc is going to visit my school next year.

> Remember that in French the translation of 'big' comes before the noun but 'mixed' comes after it.

> If you cannot think of a direct translation of 'hard', try using another English adjective which means the same (e.g. difficult).

....

....

....

....

....

....

....

....   **(12 marks)**

School rules

Mon école

1 Un site Internet français demande ton opinion sur le règlement scolaire.

Écris à ce site Internet. Tu **dois** faire référence aux points suivants:

- le règlement de ton école
- ton opinion sur le règlement
- un incident récent à ton école
- comment tu voudrais changer le règlement.

Écris 80–90 mots environ **en français**.

> Don't try to use words you don't know the French for just to fit in with the school rules. You can make up a rule if you want to.

> **Guided**

Le règlement de mon école est assez strict. ....

....

....

....

....

....

....

....

....   **(20 marks)**

Encore des règles!

2 Écoute Lise parler de son lycée.

Complète la phrase en mettant une croix [×] dans la case correcte.

Listen to the recording

(a) Lise voudrait …

☐	**A** porter un uniforme scolaire
☐	**B** avoir un piercing
☐	**C** pouvoir se maquiller au lycée
☐	**D** arriver plus tard le matin

(b) Ses copines …

☐	**A** ont des tatouages
☐	**B** portent du maquillage en classe
☐	**C** respectent le règlement scolaire
☐	**D** sont souvent en retard

(c) Elle va …

☐	**A** parler au directeur
☐	**B** parler à ses parents
☐	**C** parler avec ses copines
☐	**D** changer d'école

(3 marks)

Problems and pressures

Les problèmes scolaires

1   Lis cet article.

> L'emploi du temps de Natalie est surchargé. Après sa journée au collège, elle se dépêche de rentrer à la maison pour pouvoir faire ses devoirs et réviser pour les contrôles du lendemain. Ses parents, tous les deux médecins, rentrent tard, mais insistent pour que Natalie leur raconte ce qu'elle a appris pendant la journée avant de se coucher. Le week-end dernier Natalie a dû travailler dur car elle va bientôt passer un examen de violoncelle, sans parler des épreuves scolaires à venir. Elle comprend que ses parents s'inquiètent pour son avenir, pourtant elle voudrait parfois ne rien faire, jouer avec son chat ou inviter ses copines, mais c'est impossible!
>
> Les collégiens ne sont pas les seuls à subir la pression parentale. «Les parents demandent des comptes dès la rentrée» constate Michelle, professeur de chimie dans un grand collège prestigieux. «Ils vérifient que nous travaillons jour et nuit et comparent les résultats avec ceux du collège voisin.»

Réponds aux questions **en français**. Il n'est pas nécessaire d'écrire des phrases complètes.

> When you have questions in French on a longer passage, make sure you read them carefully and understand what you are looking for. Don't just copy chunks of the passage for your answer.

(a) Qu'est-ce que Natalie doit faire ce soir? Donne **deux** détails.

.... **(2 marks)**

(b) Qu'est-ce qu'elle doit faire avant de se coucher?

.... **(1 mark)**

(c) Qu'est-ce qu'elle devra faire dans un proche avenir?

.... **(1 mark)**

(d) Qu'est-ce qu'elle aimerait faire de temps en temps? Donne **trois** détails.

....

.... **(3 marks)**

(e) Qui est Michelle?

.... **(1 mark)**

(f) Que font les parents, selon Michelle? Donne **deux** détails.

.... **(2 marks)**

Les pressions scolaires

2   Marianne, ton amie belge, t'a envoyé un e-mail sur les problèmes scolaires.

Écris une réponse à Marianne. Tu **dois** faire référence aux points suivants:

- les problèmes dans ton collège
- les pressions scolaires
- ton opinion sur les pressions
- ce que tu vas faire pour te relaxer.

Écris 80–90 mots environ **en français**.

....

....

....

....

....

.... **(20 marks)**   57

Had a go ☐   Nearly there ☐   Nailed it! ☐

Primary school

What did you do at primary school?

1   Read these brief insights into life in a primary school.

A Chaque cours durait trois quarts d'heure.
B Pendant la récréation, on jouait dans la cour.
C Nous arrivions à huit heures du matin.
D Dans la cour de récréation, pas trop de règles à suivre!
E L'institutrice pensait qu'il était important d'être polie envers tous ses élèves.
F Il était interdit de jouer pendant les cours.
G La récréation ne durait que dix minutes.
H Notre institutrice nous demandait d'être toujours polis.
I Le dernier cours se terminait à quatre heures.

> Be very careful about words with similar spellings which have very different meanings, e.g. *cours* and *cour*.

Which phrase above best matches each English phrase below? Write the correct letter in the box.

(a) The time pupils arrived at school	
(b) Teacher showing courtesy towards pupils	
(c) Length of each lesson	
(d) What pupils did during breaks	
(e) Rule applied during lessons	

(5 marks)

My primary school

2   You hear this man recalling his primary school. Listen to the recording and complete the statements by putting a cross [×] in the correct box for each question.

Listen to the recording

(a) The man's teacher was called …

☐	**A** Mr Tissot
☐	**B** Miss Tissot
☐	**C** Mrs Tissot

(b) The pupils only left the classroom for …

☐	**A** music lessons
☐	**B** science lessons
☐	**C** PE lessons

(c) They went to the football pitch …

☐	**A** if the teacher was in a good mood
☐	**B** when the weather was fine
☐	**C** to play

(d) Playtime lasted …

☐	**A** 15 minutes
☐	**B** 20 minutes
☐	**C** 30 minutes

(e) After lunch he loved …

☐	**A** running races
☐	**B** playing football
☐	**C** chatting with friends

(5 marks)

Success in school

High points at school

1 Read these comments about students succeeding in school.

Ibrahim	J'ai joué pour l'équipe de foot de mon collège et j'ai participé à un concours d'échecs.
Mamadou	Moi, j'ai joué de la batterie dans l'orchestre du collège et j'ai gagné une médaille de bronze en volley.
Sophie	J'ai chanté dans la chorale scolaire et j'ai joué le rôle de Juliette dans une pièce de théâtre.
Régine	Moi, j'ai reçu de bonnes notes dans toutes les matières et j'ai été sélectionnée pour l'équipe régionale de natation.

Enter either **Ibrahim**, **Mamadou**, **Sophie** or **Régine**. You can use each person more than once.

(a) .... is a good swimmer.

(b) .... plays drums.

(c) .... enjoys playing chess.

(d) .... has been in the school choir.

(e) .... is good in class.

(f) .... has performed in a school play.   **(6 marks)**

Conversation: Your school successes

2 As part of a conversation topic, you might talk about what you do well at school. Prepare answers to these questions and then speak for about 30 seconds on each one.

(a) Tu participes aux clubs scolaires? Lesquels?

(b) Tu fais du sport au collège?

(c) Parle-moi de ta réussite au collège.

> Try to add a few details, however basic.

School trips

Un article de magazine

1   Un magazine français cherche des articles sur les excursions scolaires pour son site Internet.

Écris un article sur une excursion scolaire que tu as faite récemment.

Tu **dois** faire référence aux points suivants:

- pourquoi ton collège avait organisé cette excursion
- ton opinion sur les voyages scolaires en général
- les activités que tu as faites
- une autre excursion que tu aimerais faire à l'avenir.

Justifie tes idées et tes opinions.

Écris 130–150 mots environ **en français**.

> In longer questions, try to make sure that you develop the points you make by using adjectives, adverbs and connectives.

Guided

L'année dernière, mon collège a décidé d'organiser une excursion à

Londres ....

....

....

....

....

....

....

....

....

.... **(28 marks)**

Translation

2   Translate this passage **into English**.

> J'aime les excursions scolaires. Elles sont souvent intéressantes et amusantes parce que mes amis sont avec moi. Je n'aime pas les voyages en car à l'étranger car c'est trop long et je m'ennuie un peu. L'année dernière je suis allé en Espagne avec ma classe d'histoire. C'était génial car j'ai pu pratiquer mon espagnol.

> *car* is seen twice in the text, but it has a different meaning each time. Think carefully about how you will translate *voyages* and *classe d'histoire*.

....

....

....

....

.... **(7 marks)**

School activities

Les événements scolaires

1 Traduis les phrases suivantes **en français**.

(a) I like my school.

.... **(2 marks)**

(b) There are lots of clubs.

> Remember that *beaucoup* is followed by *de*.

.... **(2 marks)**

> This will literally be 'club of drama' when you translate it into French.

(c) I go to drama club on Wednesdays.

.... **(2 marks)**

(d) Last week I played football for the school team.

.... **(3 marks)**

> In French, 'a play' is *une pièce (de théâtre)*.

(e) We are going to organise a school play next year.

.... **(3 marks)**

What's going on in school?

2 You hear these young people discussing events at their school.

What do they say?

Listen to the recording and put a cross [×] in the correct box.

(a) How does Alicia feel about representing her school?

☐	**A** Nervous about it
☐	**B** Looking forward to it
☐	**C** Confident about it
☐	**D** Unhappy about it

(b) Which club does Félix attend?

☐	**A** Swimming
☐	**B** Cookery
☐	**C** Football
☐	**D** Chess

(c) What happened two years ago?

☐	**A** Gaëlle won a school talent show.
☐	**B** Gaëlle took part in a school talent show.
☐	**C** Gaëlle sang very badly.
☐	**D** Gaëlle won a singing competition.

(3 marks)

Exchanges

Role-play: A school trip

1   You are at the home of your French exchange partner, talking about a school trip. The teacher will play the role of your penfriend and will speak first. You must address your penfriend as *tu*.

Tu es chez ton/ta correspondant(e) français(e). Tu parles avec lui/elle.

> C'est quoi, comme excursion?

1   Excursion – description

> On voyage comment et à quelle heure?

2   Transport, heure du départ

> Pourquoi est-ce que tu veux faire cette visite?

3   !

> Le voyage dure combien de temps?

4   Durée

> D'accord.

5   ? Échanges scolaires – opinion

> As-tu une question?

> J'aime bien les échanges.

Listen to the recording

Exchange plans

2   You hear these French students discussing exchanges.

Listen to the recording and answer the following questions **in English**.

(a) How many times has Ariane been to England before?

.... **(1 mark)**

(b) What is she not looking forward to?

.... **(1 mark)**

(c) What activities are planned for Saturday?

....

.... **(2 marks)**

(d) What advice does her friend Carine give her?

.... **(1 mark)**

Future plans

A discussion about work

1 Read this discussion between students about their future plans.

FORUM DES JEUNES: Quel talent aimeriez-vous avoir?	
Marie-Flore:	Créer et composer de la musique électronique.
Antonin:	Je joue du piano depuis un an et j'aimerais être un pianiste virtuose, mais malheureusement pour réussir il faut commencer jeune.
Suzanne:	Je voudrais être chanteuse et gagner beaucoup d'argent. Je m'achèterais pas mal de vêtements de luxe!
Dany:	Être créatif, pour devenir un grand styliste et concevoir un nouveau look cool.
Amélie:	Savoir mixer et pouvoir faire danser une salle pleine pendant des heures.
Christophe:	Je voudrais être vedette de cinéma et porter de très beaux vêtements.
Laetitia:	Je voudrais faire de la gymnastique comme une championne. Il faut être souple et ça demande beaucoup d'efforts. Il faut s'entraîner cinq ou six heures par jour.
Alice:	J'aimerais devenir chirurgienne. Le corps humain m'intéresse beaucoup et j'aimerais aider les gens.

Who makes the following statements? Write the correct names in the table.

(a) I would like to be a DJ.	
(b) I started too late to fulfil my ambition.	
(c) I would like to work in the fashion industry.	
(d) To fulfil my dream I need to be very dedicated.	

(4 marks)

Les ambitions

2 Un site Internet français pour les jeunes voudrait ton opinion sur les ambitions.

Écris à ce site Internet.

Tu **dois** faire référence aux points suivants:

- ta personnalité
- le travail que tu as déjà fait
- pourquoi avoir de l'ambition est important pour toi
- tes projets d'avenir.

> Remember to give a reason in the third bullet point.

Écris 80–90 mots environ **en français**.

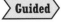

On dit que je suis assez travailleur et responsable mais que je suis un

peu timide de temps en temps. ....

....

....

....

....

....

....

....

(20 marks)

Languages beyond the classroom

Role-play: Going to the cinema

1 You are talking to your French friend about going to the cinema. The teacher will play the role of the friend and will speak first. You must address your friend as *tu*.

Tu es en France. Tu vas voir un film au cinéma. Tu parles avec ton ami(e) français(e).

> C'est quand le film et où?

1   Film – quand et où

> Qu'est-ce qu'il y a d'autre à faire dans ta ville?

2   Distractions dans ta ville

> Bon. Parle-moi du dernier film que tu as vu.

3   !

> C'est intéressant, ça.

4   ? Films anglais – opinion

> As-tu une question?

> J'aime bien les films anglais.

5   ? Musique – préférence

> As-tu une autre question?

> Moi, je préfère la musique rap.

Une Américaine francophone

2 Lis cet article sur Jodie Foster.

> Jodie Foster, l'actrice américaine, parle français presque sans accent et elle se présente facilement dans les médias francophones. De plus, elle se double elle-même dans la version française de certains de ses films! Elle a été scolarisée au Lycée Français de Los Angeles parce que ses parents voulaient qu'elle s'immerge dans la culture francophone. Elle a obtenu son bac en 1980 avant d'étudier la littérature à l'université de Yale. Elle s'intéresse fortement à tout ce qui est français et les films de la Nouvelle Vague n'ont pas de secrets pour elle.
>
> Jeune, elle chantait en français et, de nos jours, bien qu'elle avoue faire des erreurs sur les genres et hésite un peu, surtout au téléphone, elle parle français avec une rapidité extraordinaire. «Parler français, ça a changé ma vie» dit-elle, «car celle qui sait parler deux langues vaut deux femmes.»

Réponds aux questions **en français**.

(a) Comment sait-on que Jodie Foster parle couramment français? Donne **deux** détails.

.... **(2 marks)**

(b) Pourquoi est-elle allée au Lycée Français?

.... **(1 mark)**

(c) Qu'est-ce qui s'est passé en 1980?

.... **(1 mark)**

(d) Quels problèmes a-t-elle quand elle parle français maintenant? Donne **deux** détails.

.... **(2 marks)**

(e) Que dit-elle au sujet des personnes bilingues?

.... **(1 mark)**

Relationships in the future

Conversation: Relationships

1 As part of a conversation topic, you might talk about future relationships. Prepare answers to these questions and then speak for about 30 seconds on each one.

> Each one has an introductory sentence to get you started.

    (a) Tu voudrais te marier un jour? Pourquoi (pas)?

 Guided

> À l'avenir je voudrais me marier car ...

    (b) À l'avenir, tu voudrais fonder une famille?

Guided

> J'aime bien les enfants mais je ne sais pas si je voudrais avoir mes propres enfants immédiatement parce que ...

    (c) Tu penses qu'il sera facile de te faire de nouveaux amis à l'avenir?

Guided

> Je pense que je suis sociable, alors ...

My ideal partner

LISTENING TRACK 37

Listen to the recording

2 You hear these three young people discussing future relationships.

Complete the sentences. Use the correct word or phrase from the box.

> Remember to listen for negatives.

sporty	reliable	rich
good looking	funny	chatty

    (a) Mariette would like to meet someone who is .... **(1 mark)**

    (b) Richard's ideal partner would be .... **(1 mark)**

    (c) Sonya would like to find someone .... **(1 mark)**

Travel

Mes projets de voyage

1 Traduis le passage suivant **en français**.

People say that I like travelling very much. I have already visited several countries in Europe and next summer I'm going to spend a month in Canada with my family. My dream would be to go to the USA as I am interested in American history. If I save enough money, I would like to stay in a five-star hotel in New York.

....

....

....

....

....

....

....

....

....

.... **(12 marks)**

> 'travelling' – This will be an infinitive in French.

> As Canada is masculine in French, which word translates 'in'?

> 'The USA' is plural in French, so which word translates 'to'?

> 'interested' – The phrase 'to be interested in' is *s'intéresser à.*

> 'to stay' – Use *loger.*

> 'five-star' – This will come after the word for 'hotel' in French.

> As New York is a city, which word translates 'in'?

Les voyages futurs

2 Écoute Yannick parler de ses futurs voyages.

Complète les phrases en mettant une croix [×] dans la case correcte.

Listen to the recording

(a) Yannick voudrait aller …

☐	**A**	en Espagne
☐	**B**	aux États-Unis
☐	**C**	en Angleterre
☐	**D**	partout dans le monde

(b) Il aimerait loger …

☐	**A**	dans un hôtel chic et cher
☐	**B**	dans un petit hôtel simple et sympa
☐	**C**	dans un grand hôtel moderne
☐	**D**	dans un vieil hôtel traditionnel

(c) Il n'aimerait pas …

☐	**A**	voyager en avion
☐	**B**	visiter un pays trop froid
☐	**C**	manger des plats épicés
☐	**D**	faire du ski

(3 marks)

Jobs

Picture-based task: Working for a living

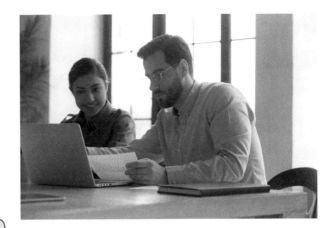

1 Regarde la photo et prépare des réponses aux questions suivantes.

(a) Décris-moi la photo.

(b) Je pense qu'il est important de ne pas travailler le week-end. Quel est ton avis?

(c) Parle-moi d'un travail difficile que tu as fait.

> Make sure that the work you talk about was hard. Remember that you can make something up using vocabulary that you already know!

(d) Qu'est-ce que tu vas faire pour choisir le métier que tu voudrais faire?

> This question needs looking at a bit more carefully as it asks you how you are going to decide on your future job, not just which job you'd like to do.

(e) Je pense qu'aller à l'université est une perte de temps. Quelle est ton opinion?

> This will be an unexpected question, so be careful to listen closely when it is asked. Remember that if you do not understand or hear the question, you can ask your teacher to repeat it, but not more than twice.

A working family

Listen to the recording

2 You hear Christian talking about his family. What does he say? Complete the sentences. Use the correct word or phrase from the box.

> a driver   a chemist   a cook
>
> an architect   a factory worker   an engineer

(a) Christian's mother is ....

(b) His father is ....

(c) His brother is ....

(d) His sister is ....

(e) Christian is ....   **(5 marks)**

Part-time jobs

Gagner un peu plus d'argent

1 Tu as un petit job dans un café. Tu postes cette photo sur des médias sociaux pour tes amis.

Écris une description de la photo et exprime ton opinion sur le travail à temps partiel.

Écris 20–30 mots environ **en français**.

> **Guided**

Je suis sur la photo. Je travaille ...

....

....

....

....

....

.... **(12 marks)**

A holiday job

2 Read Karine's account of her part-time job.

> J'habite à Brest, une petite ville au bord de la mer. Je n'aurais jamais pensé que cet été mon petit job allait être aussi agréable. Tous les matins, j'étais contente d'aller au boulot. Je devais m'occuper des vélos de location et il n'y avait que moi au bureau. Quelle chance!
>
> Les vacanciers avaient l'habitude de louer des vélos tôt le matin et ils ne revenaient que vers six heures du soir, l'heure de fermeture du bureau. Pendant la journée, j'avais peu de travail sauf quand il y avait des choses à réparer. Alors, je bronzais sur la plage qui était à dix mètres ou je bavardais avec les passants. Des fois je les conseillais sur les endroits intéressants à visiter.
>
> En fin de journée je devais laver tous les vélos, ce qui était un peu ennuyeux. Le seul autre inconvénient c'est qu'il fallait être gentille et patiente envers tous les enfants, même les petits gâtés, mais heureusement la plupart des enfants étaient assez sages.

Put a cross [×] next to each one of the **five** correct statements.

A	Karine always thought her part-time job was going to be pleasant.	☐
B	Karine had to hire out bikes to tourists.	☐
C	Karine sometimes had to clean the bikes in the mornings.	☐
D	The tourists usually hired bikes early in the morning.	☐
E	During the day, Karine was not usually very busy.	☐
F	Karine does not seem to know the area well.	☐
G	Karine never needed to repair the bikes.	☐
H	Some tourists asked Karine for information on the area.	☐
I	Karine never got angry, even with children who were naughty.	☐

(5 marks)

Opinions about jobs

Working life

1   Valérie, Édouard and Sacha are talking about their mothers.

What do they say about their mothers? Put a cross [×] in each one of the **three** correct boxes.

A	She is never tired.	☐
B	She works full time.	☐
C	Her work is difficult.	☐
D	She is always busy.	☐
E	She works as a receptionist.	☐

(3 marks)

Le métier de professeur

2   Lis ces opinions sur le métier de prof.

C'est qui? Écris le nom correct.

● ● ●	
Être prof, cela vous intéresserait?	
Alain	Les élèves sont parfois bêtes et souvent impolis.
Berthe	Les profs sont assez bien payés à mon avis.
Dominique	Travailler avec les jeunes, c'est un grand plaisir.
Samuel	Je trouve la plupart des élèves paresseux.
Farah	On aurait beaucoup de vacances.
Molly	Le salaire n'est pas important. Je pense qu'il faut vraiment aimer les ados.
Jasmine	Je ne supporterais pas un principal autoritaire.
Paulette	À mon avis les profs ont trop de travail le soir et le week-end.

(a)   En général les élèves ne sont pas travailleurs. ....

(b)   Il y a quelquefois des élèves qui se comportent mal. ....

(c)   Je ne pourrais pas tolérer un directeur strict. ....

(d)   On n'a pas assez de temps libre. ....   **(4 marks)**

Workplaces

Listen to the recording

My job

1 These young French people are talking about where they work.

Complete the sentences. Use the correct word or phrase from the box.

> hairdresser's salon   chemist's shop   clothes shop
>
> workshop   town hall   hotel reception

(a) Marc works in a ....   **(1 mark)**

(b) Alex has a job in a ....   **(1 mark)**

(c) Jean-Paul has found a job in a ....   **(1 mark)**

Translation

2 Translate this passage **into English**.

> Ma sœur travaille dans un magasin de vêtements en ville. Elle sert les clients et prépare du café pour ses collègues. Elle n'aime pas son emploi parce que c'est assez ennuyeux et qu'elle ne s'entend pas bien avec le patron. Hier elle a dû nettoyer le magasin à la fin de la journée. À l'avenir, elle va chercher un emploi dans un centre sportif.

elle a dû – Be careful with the tense here.

journée – Remember that this does not mean 'journey'.

....

....

....

....

....

....

....

....

....

....

.... **(7 marks)**

Applying for jobs

A job interview

1   Jérôme is being interviewed for a job.

What does he say about himself?

Listen to the recording and put a cross [×] in each one of the **four** correct boxes.

A	He has a driving licence.	☐
B	He had a good attendance record at school.	☐
C	He has worked in a team before.	☐
D	He has experience working on a supermarket checkout.	☐
E	He has worked abroad.	☐
F	He can start work next week.	☐
G	He is interested in most sports.	☐

(4 marks)

Listen to the recording

Une lettre de candidature

2   Lis cette lettre de Sophie.

> Madame,
>
> J'ai lu votre annonce sur Internet et je voudrais poser ma candidature pour le poste de secrétaire à votre école maternelle. Je travaille dans le bureau d'une école primaire depuis cinq ans, mais je dois chercher un nouvel emploi parce que j'ai déménagé il y a un mois et que le trajet est trop long.
>
> Je suis très motivée par le poste que vous proposez. Cela me donnerait la possibilité d'apprendre beaucoup de choses sur la routine journalière dans une maternelle, ce qui m'intéresse car mon fils va bientôt entrer en maternelle. Je pourrais faire des horaires flexibles et serais prête à travailler des heures supplémentaires le week-end si nécessaire.

Mets une croix [×] dans la case correcte.

(a)   Sophie a trouvé l'annonce …

☐	**A** dans un journal
☐	**B** à la radio
☐	**C** en ligne
☐	**D** dans une agence

(b)   Elle …

☐	**A** voudrait travailler dans une école primaire
☐	**B** travaille dans une école primaire
☐	**C** travaillait dans une école primaire
☐	**D** va travailler dans une école primaire

(c)   Elle vient de …

☐	**A** déménager
☐	**B** trouver un poste dans une école maternelle
☐	**C** changer d'emploi
☐	**D** se marier

(d)   Le fils de Sophie …

☐	**A** aime aller à la maternelle
☐	**B** s'intéresse à la maternelle
☐	**C** a sa propre routine
☐	**D** ira bientôt à la maternelle

(4 marks)

Future study

Picture-based task: Going to university

1 Regarde la photo et prépare des réponses aux questions suivantes.

(a) Décris-moi la photo.

(b) Je pense qu'il n'est pas important d'aller à l'université. Quel est ton avis?

(c) Parle-moi d'un projet scolaire que tu as préparé cette année au collège.

(d) Tu voudrais étudier à l'étranger? Pourquoi (pas)?

(e) Je pense que faire un apprentissage est une bonne idée. Quelle est ton opinion?

> Remember to add a reason when you give your opinion.

Translation: A difficult decision

2 Translate this passage **into English**.

> Je ne sais pas si je vais aller à l'université. Mes parents y sont allés et ils ont de bons emplois, mais je ne suis pas aussi travailleur qu'eux. J'aimerais devenir avocat, c'est vrai, et mes profs disent que je suis assez doué, pourtant je pense que je ne pourrais pas supporter le stress. Je vais prendre une année sabbatique et beaucoup voyager, mais il faudra bientôt que je décide ce que je voudrais faire dans la vie.

> Pay attention to verbs. Look closely at tenses and the subject of verbs so you don't make a careless error when translating.

....

....

....

....

....

....

....

.... **(7 marks)**

Volunteering

Aidez-moi à aller au Cameroun!

1 Tu veux travailler comme bénévole dans un collège au Cameroun, mais il y a peu de places disponibles. Écris une lettre pour convaincre les organisateurs de t'offrir une place.

Tu **dois** faire référence aux points suivants:

- pourquoi tu veux participer
- le travail bénévole que tu as déjà fait
- comment ce travail va t'aider à l'avenir
- pourquoi être volontaire est important pour les jeunes.

Justifie tes idées et tes opinions.

Écris 130–150 mots environ **en français**.

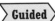 **Guided**

Madame, Monsieur,

J'ai vu votre annonce dans un magazine que je lisais la semaine dernière

....

....

....

....

....

....

....

....

.... **(28 marks)**

A successful volunteer

2 You hear Marcus talking about his voluntary work.

Listen to the recording and answer the following questions **in English**.

Listen to the recording

(a) What inspired Marcus to volunteer?

.... **(1 mark)**

(b) What did his group have to do and why did they do it?

.... **(2 marks)**

(c) What specific skills did Marcus have?

.... **(1 mark)**

(d) How does he describe himself and how did he feel at the end of the task?

.... **(2 marks)**

Helping others

Conversation: Offering help

1 As part of a conversation topic, you might talk about how you help people. Prepare answers to these questions and then speak for about 30 seconds on each one.

> When you are asked a question, try to use different tenses, even if not specifically asked to do so. For example, in question (a), you could add an example from the past and/or what you intend to do in the future. This is a good way of showing that you can be spontaneous and can take the initiative in a conversation.

(a) Que fais-tu pour aider les autres?

Guided

J'écoute les problèmes de tous mes copains et je leur donne des conseils prudents. Par exemple, hier, j'ai dit à ma copine Amanda qu'elle devrait se concentrer sur ses études au lieu de sortir tous les soirs.

(b) Qu'est-ce que tu as fait récemment pour aider ta famille?

(c) Tu aimes aider les autres? Pourquoi (pas)?

Faire du travail bénévole en ville

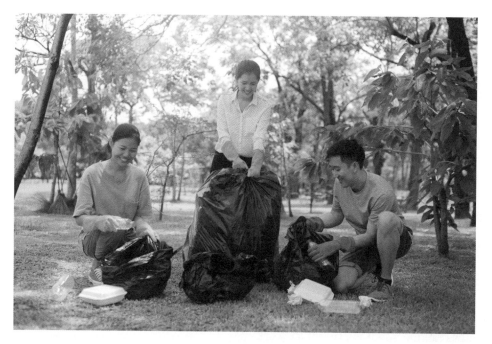

2 Tu participes en tant que bénévole au nettoyage de ta ville, avec un groupe. Tu postes cette photo sur des médias sociaux pour tes amis.

Écris une description de la photo **et** exprime ton opinion sur les volontaires.

Écris 20–30 mots environ **en français**.

....

....

....

....

.... **(12 marks)**

Charities

Travailler pour une organisation caritative

1 Lis ce texte de Raphaël.

> Mon emploi du temps quotidien est surchargé, mais il y a six mois j'ai décidé de faire du travail pour une organisation caritative. Nous vivons dans une société individualiste et j'ai voulu non seulement contrer ce phénomène, mais aussi montrer que les humains sont plus forts quand ils s'unissent.
>
> J'ai choisi de travailler dans le bureau d'une association qui soutient la recherche contre le cancer puisque j'ai perdu un proche atteint de cette maladie. Je ne fais que téléphoner à des individus afin de les encourager à nous donner de l'argent, mais maintenant je crois que je pourrais faire une différence et que la recherche pourrait apporter quelque chose et aider les autres.

Réponds aux questions en français. Il n'est pas nécessaire d'écrire des phrases complètes.

(a) Quand est-ce que Raphaël a commencé son travail caritatif?

.... **(1 mark)**

(b) Pourquoi est-ce qu'il pense qu'il faut aider les associations caritatives?

....

.... **(2 marks)**

(c) Pourquoi est-ce qu'il a choisi d'abord d'aider la recherche contre le cancer?

.... **(1 mark)**

(d) Que fait-il exactement?

.... **(1 mark)**

(e) Quelle est son opinion sur son travail maintenant?

.... **(1 mark)**

Reasons for helping charities

2 You hear Aicha giving reasons why she helps charities.

Which reasons does she mention?

Listen to the recording and put a cross [×] in each one of the **three** correct boxes.

Listen to the recording

A	To make a difference	☐
B	To take part in the local community	☐
C	To meet new people	☐
D	To feel good about herself	☐
E	To meet a challenge	☐
F	To develop new skills	☐

(3 marks)

Training

Listen to the recording

Apprenticeships

1 Jennifer is talking about her apprenticeship.

Complete the sentences. Use the correct word or phrase from the box.

> engineering   big   local   difficult
>
> school work   behaviour in school   no problem   cars

(a) For several years, Jennifer has been fascinated by .... **(1 mark)**

(b) She finds being the only female .... **(1 mark)**

(c) She gets practical experience in a .... garage. **(1 mark)**

(d) Her apprenticeship has helped her .... **(1 mark)**

Conversation: Being an apprentice

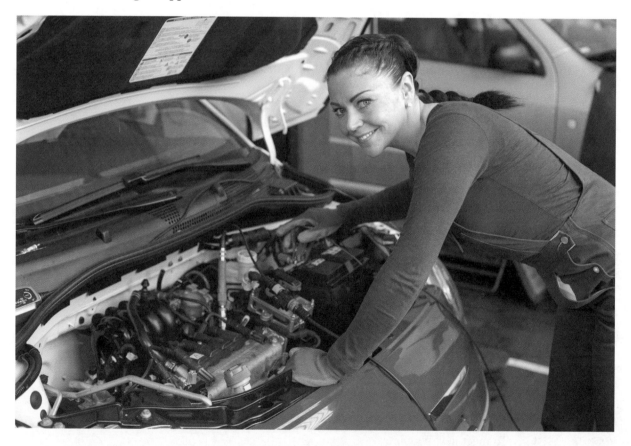

2 As part of a conversation topic, you might talk about your career plans.
Prepare answers to these questions and then speak for about 30 seconds on each one.

(a) Quels sont les avantages et les inconvénients des apprentissages?

(b) Aimerais-tu être professeur un jour? Pourquoi (pas)?

(c) Quel serait ton emploi idéal?

> Remember to give positives and negatives when asked about advantages and disadvantages, even if you personally believe there aren't any!

Future professions

Les métiers de l'informatique

1 Lis ce texte.

> Les diplômés en informatique ont du mal à trouver du travail. La croissance de l'informatique a ralenti et il n'y a plus assez d'emplois dans le domaine technique. Les informaticiens doivent être plus spécialisés grâce au développement des téléphones intelligents et des tablettes. On ne peut plus tout apprendre à l'université, donc il faut s'adapter rapidement à de nouveaux outils. Certains sont capables de mieux analyser les besoins de leurs clients avant de concevoir leurs systèmes informatiques. Cela fait d'eux de meilleurs chefs d'équipe et ils réussissent dans leur profession.
>
> C'est bizarre mais, au Canada, on manque d'informaticiens, alors si vous êtes au chômage, mais diplômé en informatique, pourquoi ne pas envoyer un e-mail à des entreprises canadiennes?

Trouve les **quatre** bonnes réponses. Mets une croix [×] dans la case correcte.

A	Les diplômés en informatique peuvent facilement trouver du travail.	☐
B	Il y avait plein d'emplois pour les diplômés en informatique.	☐
C	Il y a plus de chômage au Canada.	☐
D	On peut tout apprendre sur l'informatique à l'université.	☐
E	Il faut se spécialiser pour trouver un emploi dans l'informatique.	☐
F	Si on sait analyser les besoins des clients, on peut réussir.	☐
G	Les universités canadiennes n'offrent pas de cours d'informatique.	☐
H	On n'a pas assez d'informaticiens au Canada.	☐

(4 marks)

Future jobs

2 These three French teenagers are discussing future jobs.

What jobs are mentioned?

Listen to the recording and put a cross [×] in each one of the **three** correct boxes.

Listen to the recording

A	lorry driver	☐
B	teacher	☐
C	doctor	☐
D	nurse	☐
E	driver	☐
F	plumber	☐

(3 marks)

Sporting events

Picture-based task: The Tour de France

1 Regarde la photo et prépare des réponses aux questions suivantes.

(a) Décris-moi la photo.

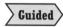

> Sur la photo il y a des cyclistes professionnels qui participent au Tour de France. Les cyclistes sont très proches l'un à l'autre et ça peut être dangereux si un cycliste tombe par exemple. Je crois que je peux voir Chris Froome à l'arrière-plan.

(b) Je pense qu'aller à un événement sportif est formidable. Quel est ton avis?

(c) Parle-moi d'un événement sportif auquel tu as assisté.

> When you are describing a photo, you can make assumptions, as shown in this student's answer.

(d) Quels événements sportifs auront bientôt lieu?

(e) Je pense qu'il faut encourager la compétition sportive pour réunir tous les pays du monde. Quelle est ton opinion?

Translation

2 Traduis les phrases suivantes **en français**.

(a) I like every sport.

> Say 'all the sports'.

.... **(2 marks)**

> The phrase 'on Saturdays' will have no word in French for 'on' and 'Saturday' will be in the singular.

(b) I watch a rugby match on Saturdays.

.... **(2 marks)**

(c) Sporting events are popular.

> You will need to start this sentence with *Les événements*.

.... **(2 marks)**

> Remember that the French word for 'Olympic' is an adjective here.

(d) I would like to go to the Olympic Games.

.... **(3 marks)**

> Remember how to form the perfect tense.

(e) My brother went to a football match yesterday.

.... **(3 marks)**

Music events

A music festival

1   Read this passage about a music festival.

> Chaque printemps, des milliers de spectateurs viennent dans les salles de Bourges pour écouter les artistes les plus connus ou découvrir de jeunes talents musicaux. En mélangeant ainsi les célébrités et les nouveaux venus, le festival offre depuis 1977 une semaine de concerts aux genres musicaux les plus divers. Les sept salles du festival sont toujours bourrées* de gens et il existe aussi quatre scènes gratuites au bord de la rivière où, il y a trois ans, le groupe Indochine a débuté. Il est hors de doute que le festival offre un tremplin pour les jeunes artistes. Cette année, pour la première fois, il y aura des scènes dans une vingtaine de bars en ville.

*bourrées = full

Answer the following questions **in English**. You do not need to write in full sentences.

(a)   When does this festival take place?

.... **(1 mark)**

(b)   What sort of music can you hear at the festival?

.... **(1 mark)**

(c)   What are we told about the seven festival halls?

.... **(1 mark)**

(d)   How much does it cost to watch the performances by the river?

.... **(1 mark)**

(e)   What will happen for the first time this year?

.... **(1 mark)**

A recent music festival

2   Aurore is talking about a music festival she has been to.

Listen to the recording and put a cross [×] in each one of the **three** correct boxes.

Listen to the recording

A	The festival was in Britain.	☐
B	Aurore heard her favourite group play.	☐
C	The festival took place last year.	☐
D	It was an electronic music festival.	☐
E	Aurore hates electronic music.	☐
F	The festival took place in a field.	☐

(3 marks)

Being green

Helping the environment

1   Read what these three young people do to help the environment.

Denis	Moi, si possible, j'achète souvent des produits bio et je réutilise les sacs en plastique plusieurs fois au supermarché. Je vais toujours en ville en vélo, mais je sais que je devrais recycler plus de carton.
Yannick	J'essaie d'économiser l'eau. Par exemple, je prends une douche au lieu d'un bain et je me brosse les dents le robinet fermé. À l'avenir, je vais dire à mes parents de baisser le chauffage central.
Thomas	Pour économiser l'énergie, j'essaie de toujours éteindre la lumière quand je sors d'une pièce. Hier, j'ai refusé un sac en plastique dans un magasin et je vais recycler tous les articles en verre au lieu de les jeter à la poubelle.

What do they say they do? Enter either **Denis**, **Yannick** or **Thomas**.

You can use each person more than once.

> Remember to look beyond the word. For example, *économiser, recycler, au lieu de, sac en plastique* all appear twice in the texts so you will need to look at the context in order to work out the correct answers.

(a) .... saves water.

(b) .... recently did not use a plastic bag.

(c) .... tries to use a greener way of travelling.

(d) .... is going to suggest changing the heating arrangements.

(e) .... knows that he should recycle cardboard.

(f) .... already tries to save energy.   **(6 marks)**

Becoming greener

2   You hear these young people talking about what they do to be 'green'.

What do they do? Listen to the recording and put a cross [×] in each one of the **three** correct boxes.

Listen to the recording

A	Recycling glass	☐
B	Walking to school	☐
C	Taking public transport	☐
D	Saving water	☐
E	Recycling newspapers	☐
F	Buying organic products	☐
G	Turning off lights	☐

(3 marks)

Protecting the environment

Translation

1 Translate this passage **into English**.

> On est en train de détruire la planète. Beaucoup d'animaux sont menacés par les actions de l'homme et il faut essayer de protéger la Terre. Le niveau de la mer monte depuis plusieurs années à cause du réchauffement et du changement climatiques. La pollution a augmenté les risques pour la santé et on doit agir afin de résoudre ce problème grave.

> Be careful with cognates like *train* and *menacés* as they can be misleading.

....

....

....

....

....

....

....

....   **(7 marks)**

Conversation: Problems with the environment

2 As part of a conversation topic, you might talk about environmental issues. Prepare answers to these questions and then speak for about 30 seconds on each one.

(a) À ton avis, quel est le problème environnemental le plus grave?

(b) Qu'est-ce que tu as déjà fait pour essayer de résoudre les problèmes environnementaux dans ta région?

(c) Comment pourrait-on réduire la pollution?

> Here, the three questions require three different tenses, so make sure you practise using verbs associated with the environment in different tenses. For example, *je recycle* (I recycle), *j'ai recyclé* (I recycled) and *je vais recycler* (I'm going to recycle) / *je recyclerai* (I'll recycle).

Environmental issues

Picture-based task: Droughts

1   Regarde la photo et prépare des réponses aux questions suivantes.

(a)   Décris-moi la photo.

(b)   Je pense qu'il y a assez d'eau partout dans le monde. Quel est ton avis?

(c)   Parle-moi de ce que tu as fait pour utiliser moins d'énergie.

(d)   Quelle sera la plus grande menace pour le monde à l'avenir?

(e)   Je crois qu'on devrait aider les associations caritatives qui protègent l'environnement. Qu'en penses-tu?

> Remember that the final item in this kind of task is an 'unpredictable' question – (e) is an example of this. When preparing the task, try to work out from the photo what sort of question might be asked.

Global problems

2   You hear this discussion about global problems.

Listen to the recording and put a cross [×] in each one of the **four** correct boxes.

Listen to the recording

A	Monsieur Dumas does not think that pollution is one of the most serious problems.	☐
B	He says that temperatures are reaching record highs every year.	☐
C	According to Monsieur Dumas, global warming causes floods.	☐
D	Monsieur Dumas thinks the situation is getting slightly easier.	☐
E	He blames the big industrialised countries for making the situation worse.	☐
F	Monsieur Dumas has just returned from a trip to China.	☐
G	He says that people should reduce the amount of air travel they do.	☐
H	He says that we are using less electricity nowadays.	☐

(4 marks)

Natural resources

Listen to the recording

Changing resources in Mali

1 You hear this report about Mali on French radio.

Listen to the recording and answer the following questions **in English**.

(a) What new crop has been harvested in Mali?

.... **(1 mark)**

(b) What are the consequences of this change in production? Give **two** details.

....

.... **(2 marks)**

(c) Why will rivers become polluted?

.... **(1 mark)**

(d) What does the report propose?

.... **(1 mark)**

Le commerce équitable

2 Lis ce texte de Marcel.

> Mon oncle achète souvent des produits issus du commerce équitable car il pense que cela en vaut la peine, même s'il faut payer un peu plus. Par exemple, le week-end dernier je suis allé en ville avec lui et nous avons acheté du café du Brésil issu du commerce équitable. Malheureusement, mes copains disent que ces produits sont trop chers, mais ils veulent acheter responsable quand même, alors ils achètent un produit équitable une fois sur deux.

Trouve les **trois** bonnes réponses. Mets une croix [×] dans la case correcte.

A	L'oncle de Marcel n'achète pas souvent des produits issus du commerce équitable.	☐
B	La semaine dernière, Marcel a fait du shopping.	☐
C	Marcel a acheté du chocolat brésilien.	☐
D	Les produits du commerce équitable coûtent plus cher.	☐
E	Les amis de Marcel achètent quelques produits du commerce équitable.	☐
F	Les copains de Marcel n'achètent jamais responsable.	☐

(3 marks)

World problems

Listen to the recording

Radio headlines

1   Listen to these news headlines on French radio and answer the following questions **in English**.

(a)   What has happened in Pakistan?

....   **(1 mark)**

(b)   What has caused damage in the Atlantic Ocean?

....   **(1 mark)**

(c)   Give **two** details about the floods in south-west England.

....

....   **(2 marks)**

(d)   What has happened in Australia and what are people worried about?

....

....   **(2 marks)**

Translation

2   Translate this passage **into English**.

> Dans le monde, il y a beaucoup de gens sans domicile fixe. Il faut donner de l'argent aux organisations qui les aident. Je pense qu'il y a trop de chômage, surtout en Europe, et les gouvernements devraient faire quelque chose. Je n'aime pas voir la destruction des habitats naturels des animaux sauvages. J'ai visité l'Australie le mois dernier et je crois qu'il y a plein d'animaux qui y vivent sans problèmes.

> Take care when you are translating object pronouns such as *les aident* here – remember that the pronoun comes before the verb in French but not in English.

....

....

....

....

....

....

....

....   **(7 marks)**

Articles 1

> To say 'the' in French you use *le, la, l'* or *les* in front of the noun. Remember that in French every noun has a gender. Objects are either masculine (m) or feminine (f) and are singular or plural.

A Put in the correct word for 'the' (*le, la, l', les*) in front of these nouns. They are all places around a town.

Example: la banque (f)

1 .... commerces (pl)
2 .... pharmacie (f)
3 .... toilettes (pl)
4 .... hôtel (m)

5 .... cinémas (pl)
6 .... bowling (m)
7 .... gare (f)
8 .... parking (m)

9 .... rues (pl)
10 .... appartement (m)

B Here is a list of animals. Put the correct word for 'the' in front of the noun.

1 .... chienne (f)
2 .... serpents (pl)
3 .... araignée (f)
4 .... chat (m)

5 .... tortue (f)
6 .... éléphant (m)
7 .... poissons (pl)
8 .... canard (m)

9 .... mouche (f)
10 .... cochons d'Inde (pl)
11 .... grenouille (f)
12 .... singe (m)

> To say 'a' or 'an' in French, you use *un* or *une* depending on whether the noun is masculine or feminine.

C Show that you understand when to put *un* or *une* in front of these parts of a house.

1 .... salon (m)
2 .... salle de bains (f)
3 .... jardin (m)

4 .... chambre (f)
5 .... sous-sol (m)
6 .... cuisine (f)

7 .... salle à manger (f)

D Fill in the gaps in this table, paying attention to the articles: *un, une, des, le, la, l', les*.

Singular	Plural
	les chiens
un château	
l'animal	
	des voitures
le nez	
le bateau	
un hôtel	
l'arbre	les arbres
	des pages
	les eaux
une araignée	
	les destinations

Remember:

le
la ⟶ les
l'

un ⟶ des
une

85

Articles 2

If you want to say 'some' or 'any' in French, you use the partitive article *du*, *de la*, *des* or *de l'*, depending on the gender of the noun you are talking about.

A Put the correct word for 'some' in front of these nouns. Pay attention to the gender given in brackets.

Example: *de* la farine (f)

1 .... œufs (pl)

2 .... confiture (f)

3 .... pain (m)

4 .... haricots verts (pl)

5 .... eau minérale (f)

6 .... jambon (m)

7 .... frites (pl)

8 .... crème (f)

9 .... huile (f)

10 .... riz (m)

B Fill in the gaps below, using *du*, *de la*, *des*, *de l'* in order to ask your friend if they want any of the items:

Tu veux *des* pâtes, ... abricots, ... fromage, ... chocolat,

.... olives, ... porc, ... pommes de terre, ... ketchup, ... ananas,

.... potage, ... œufs, ... sel et .... poivre?

C Unfortunately, you have nothing left to eat in the house. Using the example below, answer the following questions, then translate them into English.

> Always use *de* after a negative in French to say 'any'.

Example: Tu as des pommes? *Je n'ai pas de pommes. I don't have any apples.*

1 Tu as de l'eau minérale? ....

2 Tu as du pain? ....

3 Tu as des céréales? ....

4 Tu as de la pizza? ....

D Re-read all the rules and fill in the gaps with *du*, *de la*, *de l'*, *des* or *de*.

Tu as .... fruits et .... légumes? Oui, j'ai .... fruits mais je n'ai pas .... légumes.

Par exemple, j'ai .... pêches et .... cerises mais je n'ai pas .... carottes ni .... pommes de terre. Cependant, j'ai .... pain et .... Nutella®, donc on peut manger .... sandwichs.

You use *au*, *à la*, *à l'* or *aux* to translate 'to the'.

E Using *au*, *à la*, *à l'* or *aux*, fill in the gaps to tell your friend where you are going in town this afternoon.

Example: Je vais *au* cinéma.

1 Je vais .... patinoire.

2 Je vais .... crêperie.

3 Je vais .... théâtre.

4 Je vais .... hôtel de ville.

5 Je vais .... magasins.

6 Je vais .... café-tabac.

F Say what part of the house you are going to, using *Je vais au*, *à la*, *à l'*, *aux* ...

1 .... salon

2 .... cuisine

3 .... salle de bains

4 .... chambres

5 .... salle de jeux

6 .... jardin

7 .... atelier

8 .... grenier

9 .... cave

10 .... entrée

11 .... garage

12 .... salle à manger

Adjectives

Adjectives are used to describe nouns. Remember that in French you need to ensure they have the correct endings depending on whether the noun is masculine, feminine, singular or plural.

A Circle the correct form of the adjectives.

1 Ma mère est petit/petite.

2 Mon père est grand/grande.

3 Ma maison est beau/belle.

4 Mon chat est noir/noire.

5 Elle est heureux/heureuse.

6 Les fenêtres sont chère/chères.

B Using the adjectives in the box, complete the sentences below. Don't forget to change them to the feminine or plural form where necessary.

1 Mon chien est …………………………………………………… (fat)

2 Mes crayons sont …………………………………………………… (white)

3 Ma mère est …………………………………………………… (intelligent)

4 Mes frères sont …………………………………………………… (shy)

5 Mes sœurs sont …………………………………………………… (sad)

6 Ma chatte est très …………………………………………………… (cute)

gros
blanc
timide
mignon
triste
intelligent

C Complete this table with all the different forms of the adjectives.

masc. sing.	fem. sing.	masc. plural	fem. plural	English
grand	grande		grandes	big/tall
	petite			
noir		noirs		
	neuve		neuves	
		derniers		last
marron		marron		
triste		tristes		sad
sérieux		sérieux		
	gentille		gentilles	kind
	sèche	secs		
drôle		drôles		funny
	vieille		vieilles	old
	belle	beaux		
ancien		anciens		ancient
blanc		blancs		white
	sportive		sportives	

D Make sentences that use the adjectives in **C** above. Make sure they have the correct form and are in the correct position.

Example: J'ai deux chattes (grand, noir) *J'ai deux grandes chattes noires.*

1 Elle a des yeux (beau, bleu). ………………………………………………

2 Les fleurs (meilleur, jaune). ………………………………………………

3 Mes baskets (vieux, blanc). ………………………………………………

4 Mes parents (pauvre, malade). ………………………………………………

Most adjectives come **after** the noun but some come **before**, e.g. *grand*.

Possessives

> To say something is 'my', 'your', 'his', etc, you use a possessive adjective, e.g. *mon, ma, mes*.

A 1 Choose *mon, ma* or *mes* to fill in the gaps.

Dans ma famille, il y a .... père, ... mère, ... sœur et .... deux frères. ....

grand-mère vient souvent nous rendre visite avec .... grand-père. .... amie adore ....

grands-parents et elle vient jouer avec toutes .... affaires quand ils sont là.

2 Use *son / sa / ses* to fill in the gaps.

Dans sa chambre, elle a .... lit, ... livres, ... bureau, ... télévision, ...

bijoux, ... téléphone et .... nounours.

3 Use *notre / notre / nos* to translate 'our' or *votre / votre / vos* to translate 'your'.

Dans notre collège, nous avons .... professeurs, ... bibliothèque,

.... cantine et .... terrain de sport. Et vous, qu'est-ce que vous avez dans

.... collège et dans .... salles de classe? Vous avez .... tableaux

blancs interactifs et .... gymnase?

4 Your teacher asks you questions about yourself. Insert the correct word for 'your'.

   (a) Comment s'appellent .... père et .... mère?

   (b) Qu'est-ce que tu achètes avec .... argent?

   (c) C'est quand .... anniversaire?

   (d) Qu'est-ce qu'il y a dans .... ville ou .... village?

5 How would you talk about what they have in **their** town?

Dans leur ville, ils ont .... mairie, ... cinémas, ...

pharmacie, ... boulangerie, ... cafés, ... parcs, ...

hôpital, ... école et tous .... petits commerces.

B How many grammatically correct but silly sentences can you make from this table?

mon / ma / mes	fromage	est	très	jaune(s)
ton / ta / tes	copines	n'est pas	assez	honnête(s)
son / sa / ses	vélo	sont		moderne(s)
notre / nos	gâteaux	ne sont pas		grand(e)(s)
votre / vos	football			timide(s)
leur / leurs	photos			romantique(s)

....

....

....

....

C These clothes all belong to you. Say so!

Example: La chemise? C'est la mienne!

1 Les pulls? Ce sont ....

2 Les jupes? Ce sont ....

3 Le jogging? C'est ....

> To say something is 'mine', use *le, la* or *les* + *mien(ne)(s)*.
> For example: *La chemise, c'est la mienne.*

Comparisons

> Use the comparative form of the adjective to say 'more than' or 'less than':
>
> *plus* + adjective + *que* or *moins* + adjective + *que*
>
> Use the superlative form of the adjective to say 'the most' or 'the least':
>
> *le / la / les* + *plus / moins* + adjective
>
> The adjective ending must agree with the noun it refers to.

A   Work out who is the most and the least intelligent, Marie, Lydie or Paul.

Marie est intelligente.

Marie est plus intelligente que Paul.

Paul est moins intelligent que Lydie.

Lydie est plus intelligente que Marie.

Paul n'est pas aussi intelligent que Marie.

Qui est le/la plus intelligent(e)? ....

Qui est le/la moins intelligent(e)? ....

B   Using the grades below, make up four sentences about how these students compare in each subject.

Example: En anglais, Anna est meilleure qu'Antoine.

	Antoine	Anna	
Anglais	D	B	....
Français	A	C	....
Géo	C	E	....
Dessin	B	A*	....

C   Put each of these sentences in the correct order, then translate them.

Example: est que courte plus jupe Ma jupe ta   Ma jupe est plus courte que ta jupe.

                                   My skirt is shorter than your skirt.

1   aussi est Sara grand Philippe que ....

2   maths que plus musique Les difficiles sont la ....

3   Les moins sont les sains fruits bonbons que ....

4   Une est moins un confortable cravate qu' jogging ....

5   l' chimie que est intéressante aussi anglais La ....

D   Use the adjective given, with *le / la / les plus* to make a superlative sentence. Make sure the adjective matches the noun.

Example: Le TGV est le train ... (rapide)   Le TGV est le train le plus rapide.

1   Les kiwis sont les fruits ... (sain) ....

2   L'hiver est la saison ... (froid) ....

3   Londres est ... (grand) ville d'Angleterre. ....

Now use the adjective given, with *le / la / les moins* to say 'the least'.

Example: Voilà la cathédrale ... (traditionnel)   Voilà la cathédrale la moins traditionnelle.

4   Où sont les garçons ... (actif)? ....

5   Je prends les vêtements ... (long) ....

6   J'habite dans la région ... (industriel) ....

Other adjectives and pronouns

A Say which clothes you are going to wear on holiday, using *ce, cet, cette* or *ces*.

Je vais porter ...

Example: pull *ce* pull

1 pantalon	5 anorak ....
2 imperméable	6 sandales ....
3 robe	7 chaussettes ....
4 baskets	8 jupe ....

> *ce* = this (m)
> *cet* = this (in front of a masculine noun beginning with a vowel)
> *cette* = this (f)
> *ces* = these (pl)

B Say you always prefer the one(s) on the left, using *celui, celle, ceux* or *celles*.

(You get a clue to the gender by looking at the spelling of 'which' at the beginning.)

Example: Quelle jupe préfères-tu?   Je préfère *celle* à gauche.

1 Quel livre préfères-tu?   Je préfère .... à gauche.

2 Quels garçons préfères-tu?   Je préfère .... à gauche.

3 Quelle salle préfères-tu?   Je préfère .... à gauche.

4 Quelles cartes postales préfères-tu?   Je préfère .... à gauche.

> *celui* (m) /
> *celle* (f) = the one
> *ceux* (m) /
> *celles* (f) = those

C Complete the question by asking your friend if they prefer this one here, that one there, these or those.

Example: Quels bateaux préfères-tu? *Ceux-ci ou ceux-là?*

1 Quel stylo préfères-tu? ....

2 Quelle station balnéaire préfères-tu? ....

3 Quelles ceintures préfères-tu? ....

4 Quels hôtels préfères-tu? ....

> You add on *-ci* when you want to say' here'.
> You add *-là* when you want to say 'there'.

D You don't hear what they say, so you have to ask your friend which one(s) they prefer yet again.

Use *lequel, laquelle, lesquels* or *lesquelles* to repeat each question in exercise C.

Example: Quels bateaux préfères-tu? *Lesquels?*

1 Quel stylo préfères-tu? ....

2 Quelle station balnéaire préfères-tu? ....

3 Quelles ceintures préfères-tu? ....

4 Quels hôtels préfères-tu? ....

> *lequel* (m) /
> *laquelle* (f) =
> which one?
> *lesquels* (m) /
> *lesquelles* (f) =
> which ones?

E Fill in the missing words as shown in the example.

Example: Quel appartement préfères-tu? *Celui-ci ou celui-là? Lequel?*

1 .... cuisine préfères-tu? Celle-ci ou .... ? Laquelle?

2 Quelles cravates préfères-tu? .... ou celles-là? .... ?

3 .... jardin préfères-tu? .... ou

.... ? Lequel?

4 .... gants préfères-tu? .... ou

.... ? .... ?

Adverbs

Adverbs are used to describe the verb. In French a lot of adverbs end in *-ment*.

A Form adverbs from these adjectives.

Example: heureux *heureusement*

1 doux ....

2 naturel ....

3 absolu ....

4 général ....

5 attentif ....

6 vrai ....

7 lent ....

8 gentil ....

B Underline all the adverbs in this paragraph, then translate it. Use the English translations in the box if you are stuck.

first	in the future
often	usually
then	next
finally	so

Le matin, <u>d'abord</u>, je me lève à sept heures, puis d'habitude je prends mon petit déjeuner. Ensuite, je quitte la maison et finalement j'arrive au collège à huit heures et demie. Mais c'est souvent trop tôt. Alors, à l'avenir, je vais rester au lit plus longtemps.

In the morning, ...

....

....

C Fill in the gaps from this passage with the best adverb from the box. There may be more than one answer. The first letter of the adverb has been given for you.

absolument, d'abord, de temps en temps, ~~généralement~~, par conséquent, régulièrement, sans doute, seulement, souvent, toujours, vraiment

Généralement je vais en France avec mes parents et mon petit frère pour les grandes

vacances. S........................ mes grands-parents viennent avec nous, et d'........................

c'est v........................ pratique car ils font r........................ du baby-sitting. Cependant,

de ...., ils se sentent v........................ fatigués et ils ne sont pas

t........................ à l'aise. P........................ ils ne viendront pas l'année prochaine.

À l'avenir, ils viendront s........................ s'ils sont a........................ en forme!

D Complete these sentences using adverbs from the box.

Example: Je conduis (always) très (carefully).

Je conduis toujours très attentivement.

1 (Usually) il fait la vaisselle (straight away).

....

2 (From time to time) elle parle (quietly).

....

3 Ma valise? (Naturally) j'avais laissé mes vêtements (inside).

....

~~attentivement~~
d'habitude
~~toujours~~
doucement
dedans
tout de suite
naturellement
de temps en temps

E Write four sentences of your own with at least one adverb in each.

....

....

....

....

Object pronouns

Direct object pronouns are words like 'it', 'me', 'him', 'us', etc. You use them when you don't want to keep repeating a noun or a name.

A Translate these sentences.

Example: Il me regarde. *He watches me.*

1 Nous te voyons. ....

2 Tu le connais? ....

3 Je veux la voir. ....

4 Vous nous rencontrez. ....

5 Elle vous oubliera. ....

6 Je les perdrai. ....

You use **indirect** object pronouns to replace a noun which has *à* (*au*, *aux*, etc) in front of it.

B Translate the following sentences. Notice that in English we sometimes omit the 'to'.

Example: Il me donne un billet. *He gives me a ticket. / He gives a ticket to me.*

1 Je te passe mes bonbons. ....

2 Ne lui dis pas la vérité. ....

3 Nous lui offrirons un portable. ....

4 Il va nous envoyer un cadeau. ....

5 Tu leur raconteras l'histoire. ....

> Translate *lui* as 'him' and 'her', and *leur* as 'them'.

C Put the words in the correct order to answer the question.

Example: Tu aimes les pommes? je beaucoup aime les Oui *Oui, je les aime beaucoup.*

1 Vous comprenez le professeur?   le souvent comprenons Nous

....

2 Elle aime les sports nautiques?   pas aime Elle ne du tout les

....

3 Tu vas vendre ton vélo?   vendre vais le Oui je demain

....

4 Il veut acheter la maison?   veut pas il acheter ne Non l'

....

D Replace the underlined noun with a pronoun and move it to the correct position in the sentence.

Example: J'ai mangé <u>le gâteau</u>. *Je l'ai mangé.*

1 Il cherche <u>les clefs</u>. ....

2 Nous envoyons un cadeau à <u>Jeanne</u>. ....

3 Il a donné des bonbons aux <u>enfants</u>. ....

4 Tu as téléphoné à <u>tes amis</u>? ....

5 Elle dit toujours <u>la vérité</u>. ....

E Complete the following sentences.

Example: I'm sending it to you. Je *vous* l'envoie.

1 She offered them to us. Elle .... a offerts.

2 Don't sell them to him/her! Ne .... vends pas!

3 I am going to pass it (m) to you. Je vais .... passer.

4 He gave them to you on Saturday. Il .... a donnés samedi.

More pronouns: *y* and *en*

> You use *y* to refer to a place which has already been mentioned. It often means 'there': *Il adore **Paris**.*
> *Il **y** est allé hier.* You also use it with verbs that take *à*.

A Replace the nouns with the pronoun *y*.

Example: Tu vas au cinéma ce soir? Tu y vas ce soir?

1 Il va habiter **au Canada**. ....

2 Elle a vu ses amis **en France**. ....

3 Vous jouez **au tennis**? ....

4 Je suis arrivé **au collège** avant les autres. ....

5 Tu es allée **au travail** ce matin? ....

> You use *en* to replace a noun. It often means 'of it', 'of them' or 'some':
> *J'aime **le chocolat**. J'**en** mange beaucoup.*

B Unjumble these sentences with *en* in order to answer the questions.

Example: Tu as de l'argent?   ai j' Oui en   Oui j'en ai

1 Tu fais beaucoup de sport?   en beaucoup J' fais

....

2 Elle fait du ski?   pas en fait n'Elle

....

3 Vous avez deux frères?   trois ai Non en j'

....

4 Ils mangent de la pizza tous les jours? les en samedis Ils tous mangent

....

5 Il y a des bouteilles dans la cave?   y en Il a plusieurs

....

C Replace the nouns in brackets with either *y* or *en*.

> Using pronouns makes your work more interesting and for your GCSE, if you are aiming for Higher grades, you should try to use them.

1 Je vais [au restaurant] de temps en temps.

....

2 J'adore les fruits et je mange beaucoup [de fruits].

....

3 Ma faiblesse, c'est le chocolat, mais je ne mange jamais [de chocolat] parce que je ne veux pas grossir.

....

4 Je suis allé [au théâtre] la semaine dernière, avec mon frère.

....

5 On va au concert ce soir. Tu veux aller [au concert]?

....

6 Moi, j'adore le poulet, mais mon frère ne mange pas [de poulet] parce qu'il est végétarien.

....

Other pronouns

> Relative pronouns are used when you want to link statements together to avoid repetition and to make your French more fluent.

A Fill in the gaps with *qui* (followed by a verb), or *que / qu'* (followed by a subject/person).

> *Qui* means 'which', 'who' or 'that' and replaces the subject in a sentence. *Que* means 'whom', 'which' or 'that' and replaces the object in the sentence.

Example: C'est le bruit que je n'aime pas.

1   Le repas .... j'ai pris était excellent.

2   C'est Claude .... est le plus beau.

3   Ce sont mes parents .... adorent la viande.

4   Voilà le chapeau .... il a perdu.

5   Où sont les robes .... sont déchirées?

6   L'église .... j'ai visitée était vieille.

7   L'homme .... monte dans le train est petit.

8   Ma copine .... s'appelle Mathilde a seize ans.

9   Quel est le film .... tu veux voir?

> *Dont* replaces 'whose' or 'of whom/which', for example:
> *Je veux voir le film **dont** j'ai vu la bande-annonce.* I want to see the film whose trailer I saw.

B Translate the following sentences carefully once you have inserted *dont*.

Example: La personne dont je parlais n'est plus là.

The person I was talking about is no longer there.

1   La vie .... vous rêvez n'existe pas.

....

2   Les papiers .... j'ai besoin sont dans le tiroir.

....

3   Je ne connais pas la maladie .... tu souffres.

....

4   Ce garçon .... je te parlais a quitté le collège.

....

C Which would you use: *y, en, où, qui, que* or *dont*? Insert the correct pronoun and translate the sentences into English.

1   Le repas .... nous avons mangé était excellent.

....

2   Le stylo .... vous avez besoin est cassé.

....

3   Des bonbons? J'...................... ai mangé beaucoup.

....

4   Le café .... je vais le samedi est fermé.

....

5   Le cinéma Gaumont? J'...................... suis allée pour voir 'Les Minions'.

....

Present tense: *-er* verbs

A Give the *je*, *nous* and *ils* forms of each of these verbs.

Verb	je (j')	nous	ils
aimer	j'aime	nous aimons	ils aiment
jouer			
habiter			
regarder			
donner			
inviter			
marcher			
trouver			
voler			
garder			

B Use the verbs above to write how you would say:

Example: he likes il aime

1 you (pl) keep ....

2 she invites ....

3 you (s) live ....

4 we find ....

5 he looks at ....

6 you (pl) walk ....

7 you (s) give ....

8 she steals ....

9 he plays ....

10 they look at ....

Although the verbs below are *-er* verbs, they are slightly irregular in that the spelling often changes. For example, *manger* becomes *mangeons* in the *nous* form.

C Put the verbs in brackets in the correct form and watch out for the spelling.

-ger verbs

1 ils (ranger) ....

2 nous (plonger) ....

3 nous (nager) ....

4 je (manger) ....

-ler / -ter verbs

1 je (s'appeler) ....

2 ils (jeter) ....

3 nous (se rappeler) ....

4 elle (projeter) ....

-yer verbs

5 tu (envoyer) ....

6 vous (payer) ....

7 j' (essayer) ....

8 nous (nettoyer) ....

acheter-type verbs

5 tu (acheter) ....

6 elles (préférer) ....

7 vous (se lever) ....

8 il (geler) ....

D Fill in the correct part of the verb in these questions and translate them.

Example: Tu (parler) français? Tu parles français? Do you speak French?

1 Ils (habiter) en France? ....

2 Marie (ranger) sa chambre? ....

3 Vous (préférer) les sciences? ....

4 Les sœurs (jeter) les fruits? ....

5 Mon copain et moi (acheter) des frites? ....

Present tense: *-ir* and *-re* verbs

-ir and *-re* verbs are another set of verbs which follow a regular pattern. It is important to learn the most common verbs.

A What do these *-ir* verbs mean? Match the English to the French.

choisir	to warn
ralentir	to slow down
réfléchir	to punish
rougir	to finish
finir	to blush
atterrir	to reflect / think about
punir	to land
avertir	to choose

> Remember, both *-ir* and *-re* verbs can be either regular or irregular. Be careful to learn how each group behaves (*Revision Guide* page 96). On this page, the **irregular** verbs have stars. Keep them separate in your vocabulary lists to help you remember which is which.

B Fill in the gaps in this table. (The verbs are irregular.)

	dormir*	sortir*
je		sors
tu	dors	
il/elle		sort
nous		
vous		sortez
ils/elles	dorment	

C Put the correct ending on these *-ir* verbs to make them match their subjects.

Example: Ils (avertir) les garçons. Ils avertissent les garçons.

1 L'ami (choisir) un cadeau. ....

2 Vous (courir*) aux magasins. ....

3 Nous (finir) nos devoirs. ....

4 Je (remplir) le verre de vin. ....

> Be careful, many of the regular *-ir* verbs, such as *choisir* and *finir*, add *-is, -is, -it, -issons, -issez, -issent*.

D Complete the table below.

	vendre	prendre*	dire*
je			
tu	vends		
il/elle			
nous		prenons	disons
vous		prenez	
ils/elles	vendent		

E Give the correct present tense form of the verb in brackets.

1 nous (vendre) ....

2 ils (répondre) ....

3 je (descendre) ....

4 tu (prendre*) ....

5 vous (boire*) ....

6 elle (lire*) ....

7 j' (écrire*) ....

8 il (comprendre*) ....

Avoir and *être*

A Give the correct part of *avoir* in these sentences.

Example: Tu as un frère?

1 Elle .... un hamster.

2 J'............... les cheveux blonds.

3 Ils .... une grande maison.

4 Il .... onze ans.

5 Nous .... un petit gymnase.

6 Vous .... un beau chien.

7 Ma sœur .... une jupe rouge.

8 Les filles .... un piercing.

9 Tu .... deux guitares.

10 Vous .... une nouvelle maison.

B Translate the following sentences into French.

Example: We have a house in Angers.   Nous avons une maison à Angers.

1 They have a dog and three hamsters.   ....

2 Do you (s) have a sister?   ....

3 She has black hair.   ....

4 We have a big kitchen.   ....

5 I have three children.   ....

6 I am sixteen years old.   ....

7 He has a car.   ....

C Fill in the gaps with the correct part of *être*.

Example: Il est très amusant.

1 Je .... français.

2 Nous .... paresseux.

3 Ma tante .... assez petite.

4 Vous .... sportif mais timide.

5 Mes yeux .... bleus.

6 Tu .... célibataire?

7 Les chiens .... mignons.

8 Je .... au chômage.

9 Nous .... mariés.

10 Il .... paresseux.

D Write six sentences using *être* or *avoir* and words from the grid below.

Je	maison	bouclés	petit
Tu	yeux	bleu	professeur
L'homme	grand	amusant	court
Nos chiens	mariés	cheveux	piercing
Vos parents	rouge	voiture	marron
Les filles	triste	long	gros

....

....

....

....

....

....

Remember, when you are using the verb *être* you need to make sure the adjective agrees with the noun!

Reflexive verbs

A Add the correct reflexive pronoun to this verse, do the actions, then try and learn it.

Je .... lève.

Tu .... laves.

Il .... brosse les dents.

Je .... habille et après je prends mon petit déjeuner.

> **se laver – to wash oneself**
> je me lave
> tu te laves
> *il/elle/on* se lave
> nous nous lavons
> vous vous lavez
> ils/elles se lavent

B Add the correct reflexive pronoun.

Mes parents *se* réveillent tôt le matin. Je .... appelle Lydie. Le matin

je .... réveille à 7 heures et demie mais je ne .... lève pas tout de suite.

Normalement ma sœur .... lève à 8 heures. Nous .... lavons dans la salle de

bains et nous .... habillons vite. Après le petit déjeuner, nous .... dépêchons

pour prendre le bus. Nous arrivons au collège, nous .... approchons de nos amis et nous

sommes très contentes.

Vous .... amusez bien dans votre collège?

C Write the numbers of these sentences in the correct order to match your morning routine.

1   Je me douche et je m'habille.

2   Je me réveille et je me lève.

3   J'arrive au collège et je m'amuse bien.

4   Je me dépêche pour prendre mon petit déjeuner et quitter la maison.

....

D Complete the table with verbs in the present and perfect tense. Remember to use *être* with reflexive verbs.

Present	Perfect
1 je	je me suis reposé(e)
2 elle se douche	elle
3 nous	nous nous sommes amusé(e)s
4 elles s'étonnent	elles
5 vous	vous vous êtes dépêché(e)(s)

E Circle the correct part of the verb to complete the sentence.

1   Dimanche, je me *est / suis / es* reposée.

2   Nous nous *êtes / sont / sommes* dépêchés pour aller au match.

3   Ma sœur ne s'est pas *douché / douchée / douchées* hier soir.

4   Mes deux frères se *ont / sont / était* bien entendus en vacances.

5   Vous vous êtes *couchée / couchés / couché* tôt samedi, mes amis?

6   Les garçons se sont *disputé / disputées / disputés*.

Other important verbs

> The verbs *devoir* (to have to / must), *pouvoir* (to be able to / can), *vouloir* (to want to) and *savoir* (to know) are known as **modal verbs**.

A Complete this table with the correct part of the modal verb.

	devoir	**pouvoir**	**vouloir**	**savoir**
je	dois			sais
tu		peux		
il/elle/on			veut	
nous	devons			savons
vous			voulez	
ils/elles		peuvent		

B Rearrange the words to make correct sentences.

Example: la dois prendre Je première rue *Je dois prendre la première rue.*

1 mon -vous Pouvez père aider? ....

2 nager -tu Sais? ....

3 maison acheter parents une veulent Mes nouvelle ....
....

4 s'arrêter feu On toujours doit au rouge ....
....

5 moi avec ce Voulez danser soir -vous? ....
....

6 sait écrire lire Elle et déjà ....

C Change the verb to match the new subject given in italics.

Example: Il doit travailler dur et moi aussi, *je dois travailler dur.*

1 Elle veut trouver une chambre avec un balcon et nous aussi, *nous* ....

2 Les élèves peuvent louer un vélo et toi aussi, *tu* ....

3 Le pilote doit tout vérifier et vous aussi, *vous* ....

4 Elle sait faire la cuisine, et eux aussi, *ils* ....

5 Je peux faire un pique-nique et elles aussi, *elles* ....

6 Il ne peut jamais comprendre les règles et vous non plus, *vous* ....

7 Nous savons préparer le dîner et moi aussi, *je* ....

D Make up six sentences about school from this table.

	(ne) doit (pas)	manger en classe.
		porter ses propres vêtements.
	(ne) peut (pas)	courir dans les couloirs.
On		répondre aux professeurs.
	(ne) veut (pas)	dormir en classe.
		lancer les cahiers en l'air.
	(ne) sait (pas)	faire des piercings aux autres élèves.
		envoyer des textos.

The perfect tense 1

> You use the perfect tense to talk about single events in the past. It is formed by using the present tense of *avoir* + past participle.

A Create your own sentences using a word or words from each column.

J'ai	fini	le gâteau
Tu as	détesté	le bateau
Il a	vendu	les devoirs
Elle a	regardé	l'argent
Nous avons	lavé	la maison
Vous avez	attendu	l'autobus
Ils ont	choisi	les chiens
Elles ont	perdu	le pain

....
....
....
....
....
....
....
....

B Add the correct part of *avoir* to complete these sentences.

Example: Samedi soir, j'ai regardé la télé.

1 Mme Blanc .... invité sa copine au match.

2 Vous .... terminé le repas?

3 Ils .... fumé une cigarette.

4 Il .... beaucoup neigé ce matin.

5 Tu n'................ pas mangé de légumes?

6 Nous .... choisi un bon restaurant.

7 Elle n'................ pas rougi.

8 Ils .... atterri à l'aéroport d'Orly.

9 J'................ rendu visite à ma tante.

10 Nous n'................ pas entendu le bruit.

C Did you notice the position of the *ne ... pas* in exercise B to say that they did **not** do something? Using the table in exercise A to help you, how would you say the following?

Example: You (s) did not sell the house. Tu n'as pas vendu la maison.

1 We did not lose the money. ....

2 They did not wash the bus. ....

3 You (pl) did not wait for the dogs. ....

4 I did not finish the bread. ....

5 She did not sell the boat. ....

6 He did not hate the homework. ....

D Revise the irregular past participles, then fill in the gaps in these sentences.

Example: Il a vu la voiture. (voir)

1 J'ai .... le pique-nique par terre. (mettre)

2 Elle a .... à son frère. (écrire)

3 Tu n'as rien .... au collège? (faire)

4 Il n'a pas .... ma lettre. (lire)

5 Nous avons .... acheter une Renault. (pouvoir)

E Complete these sentences with the correct part of *avoir* and the past participle of the verb given.

1 J'................ la situation. (comprendre)

2 Il .... de rentrer vite. (promettre)

3 Tu .... un taxi à la gare? (prendre)

4 Qu'est-ce que tu ....? (faire)

The perfect tense 2

The perfect tense can also be formed using the verb *être* + past participle, when the verb is reflexive and with 14 verbs of movement.

A Add the correct part of the verb *être* to complete these sentences.

Example: Tu *es* né en 2000?

1 Elle .... tombée.

2 Mes copains .... arrivés trop tard.

3 Les chats .... montés sur le toit.

4 Marie n'............... pas descendue vite.

5 Mme Lebrun .... allée à la piscine.

6 Vous .... retournés en France?

7 Je ne .... pas parti tôt.

8 Elles .... mortes l'année dernière.

B Make the past participle match the subject of these *être* verbs, by adding agreements (-, *-e*, *-s*, *-es*) to those that need it.

Example: Mes cousines sont rest*ées* à l'hôtel.

1 Élise est arrivé......... à 11 heures.

2 Jim est mort......... il y a 20 ans.

3 Nous sommes entré........., tous les garçons, dans l'épicerie.

4 Marie n'est rentré......... qu'à minuit.

5 Mes stylos ne sont pas tombé.........

6 Il est sorti......... avec sa sœur jumelle.

C Complete the sentences.

Example: Je suis allé au collège et elle aussi, elle *est allée au collège.*

1 Tu es monté très vite et les filles aussi, elles ....

2 Les vendeurs sont arrivés et moi aussi, je ....

3 Nous ne sommes pas tombés et eux non plus, ils ....

4 Monsieur Dasse est mort et sa femme aussi, elle ....

D Complete this table to show a reflexive verb in the perfect tense.

je	me	suis	lavé
tu		es	
il			
elle			lavée
nous		sommes	
vous			
ils	se		lavés
elles			

Reflexive pronouns:
me	nous
te	vous
se	se

E Form the perfect tense of these reflexive verbs.

Example: Nous (se promener) *Nous nous sommes promenés.*

1 Ils (se coucher) ....

2 Elle (s'ennuyer) ....

3 Vous (se disputer) ....

4 Je (s'endormir) ....

Had a go ☐   Nearly there ☐   Nailed it! ☐

The imperfect tense

> The imperfect is another tense that you use to talk about the past. You use it to describe what happened over a period of time, what something was like and ongoing actions which were interrupted.

A Give the imperfect (*je*, *nous* and *ils* forms) of these verbs.

1	jouer	je jouais	nous jouions	ils jouaient
2	finir	je finissais	nous finissions	ils finissaient
3	perdre	....	....	....
4	avoir	....	....	....
5	être	....	....	....
6	boire	....	....	....
7	aller	....	....	....
8	partir	....	....	....
9	faire	....	....	....
10	lire	....	....	....
11	savoir	....	....	....
12	prendre	....	....	....

B Change the ending of the imperfect tense to match the new subject.

Example: Il fumait et nous aussi, nous fumions.

1 J'attendais et elle aussi, elle ....

2 Vous écriviez et eux aussi, ils ....

3 Tu dormais et le chien aussi, il ....

4 Mes parents regardaient et moi aussi, je ....

5 Mon ami était poli et mes sœurs aussi, elles ....

> All verbs except *être* are regular in the imperfect tense.
> **1** Take the *nous* form of the present tense and take off the **-ons** ending: *nous habit(ons)*.
> **2** Add the imperfect endings:
> | | |
> |---|---|
> | j'habitais | nous habitions |
> | tu habitais | vous habitiez |
> | il/elle habitait | ils/elles habitaient |

C Put the verbs into the imperfect tense, then translate the sentences.

Example: Tu visitais beaucoup de monuments. (visiter)

You used to visit lots of monuments.

1 Je .... avec mon petit frère sur la plage. (jouer) ....

2 Nous .... très souvent ensemble. (manger) ....

3 Le serveur .... dur pour nous. (travailler) ....

4 On .... beaucoup de glaces. (vendre) ....

5 Papa et Marc .... du ski nautique. (faire) ....

6 Tu .... très content. (être) ....

D When you are talking or writing about the past, you often need to use a mixture of perfect tense and imperfect tense verbs. Put the following verbs in the correct past tense.

J'[aller] au collège quand j' [voir] l'accident. Il y [avoir] beaucoup de monde. J' [appeler] «au secours!».

....

....

....

....

....

The future tense

The **near future** is used to say what is going to happen. It is formed using *aller* + infinitive.

A Use the correct part of *aller* to say what you are going to do in the near future and say what these sentences mean.

Example: Je vais regarder un film. I am going to watch a film.

1 Il .... sortir ce soir. ....

2 Nous .... vendre la maison. ....

3 Vous .... bientôt comprendre. ....

4 Tu .... partir en vacances. ....

5 Maman .... voir un concert. ....

6 Les garçons .... arriver en retard. ....

B Unjumble these sentences in the near future tense.

Example: ta Je à question vais répondre   Je vais répondre à ta question.

1 aller allons en Nous ville demain ....

2 partir Quand vas-tu? ....

3 vont leurs Ils devoirs faire ....

4 tennis allez au jouer Vous? ....

5 Lydie cuisine faire la va ....

6 aider Ses vont sœurs ....

The **future** is used to say what you **will** do. To form the future, add the future endings to the infinitive of the verb: *-ai, -as, -a, -ons, -ez, -ont.*

C Say what everyone will do at the weekend. Put the verb into the future tense.

Example: Je prendrai un bon petit déjeuner. (prendre)

1 Il .... sa nouvelle voiture. (laver)   5 Elle .... visite à sa tante. (rendre)

2 Tu .... ta copine à manger. (inviter)   6 Ils .... en France. (arriver)

3 Nous .... nos devoirs. (finir)   7 Elles .... beaucoup. (bavarder)

4 Vous .... les nouvelles. (attendre)   8 Je .... une nouvelle robe. (choisir)

D Now try these irregular verbs. Check you know the irregular stem.

Example: vous (pouvoir) vous pourrez

1 ils (devoir) ....   5 tu (avoir) ....

2 nous (savoir) ....   6 elles (venir) ....

3 je (faire) ....   7 il (voir) ....

4 elle (être) ....   8 tu (aller) ....

E Now translate all of exercise D into English.

Example: You will be able to

1 ....   5 ....

2 ....   6 ....

3 ....   7 ....

4 ....   8 ....

The conditional tense

The conditional is used to say what you **would** do. It is formed like the future but has different endings. The conditional endings are: *-ais, -ais, -ait, -ions, -iez, -aient.*

A Complete the gaps in this table.

	-er verbs	-ir verbs	-re verbs
	jouer	choisir	vendre
je	jouerais		
tu		choisirais	
il/elle			vendrait
nous		choisirions	
vous	joueriez		vendriez
ils/elles		choisiraient	

B What would these people do if they won the lottery? Add the correct part of the verb in brackets and say what the sentence means in English.

Example: Je partirais en vacances avec ma famille. (partir)

I would go on holiday with my family.

1 Ma mère .... une belle maison. (habiter) ....

2 Vous ne .... plus. (travailler) ....

3 Nous .... beaucoup de pays. (visiter) ....

4 Tu .... de l'argent aux autres. (offrir) ....

5 Ils .... de l'argent à la banque. (mettre) ....

6 Je .... ma vieille voiture. (vendre) ....

Some verbs are irregular in the conditional: *aller: j'irais   faire: je ferais   voir: je verrais*

C Complete these sentences using the conditional of the verb in brackets. They all have irregular stems, but they keep the same endings as above.

Example: Nous ferions une promenade. (faire)

1 Je .... très riche. (être)

2 Vous .... le monde entier. (voir)

3 Ils .... beaucoup d'amis. (avoir)

4 Elle .... épouser son fiancé. (vouloir)

D Write four '*si*' sentences of your own, using either the future or conditional tense.

....

....

....

....

....

....

....

....

Be careful with 'if' clauses!

si + present tense + future tense:
*Si tu y **vas**, moi aussi j'**irai**.*
If you go, I will go too.

si + imperfect tense + conditional:
*Si tu **mangeais** correctement, tu n'**aurais** pas faim.*
If you ate properly, you wouldn't be hungry.

The pluperfect tense

You use the pluperfect to talk about an event which happened one step further back than another past event: 'I **had done** something'.

A Translate these sentences into English.

Example: Si seulement j'avais écouté tes conseils. *If only I had listened to your advice.*

1 Tu avais déjà fini ton déjeuner. ....

2 Nous avions entendu les informations. ....

3 Ils avaient promis de rentrer avant minuit. ....

4 Vous aviez déjà bu toute la bouteille. ....

5 Elle n'avait jamais lu ce livre. ....

6 Ils étaient déjà partis. ....

7 Elle était venue toute seule. ....

8 Les enfants s'étaient couchés de bonne heure. ....

Like the perfect tense, you form the pluperfect by using an auxiliary (*avoir* or *être*) + a past participle. The difference is that you use the **imperfect tense** of the auxiliary. The verbs which take *être* are the same ones that take *être* in the perfect tense.

B Change these verbs from the perfect into the pluperfect.

Example: J'ai joué. *J'avais joué.*

1 Elle a fini .... 4 Vous êtes partis ....

2 Nous avons lu .... 5 Tu es tombé? ....

3 Elles sont arrivées ....

C Match the sentence halves, then translate the sentences.

1 J'avais toujours voulu   a parti en vacances quand on est arrivés à la maison.

2 Il était   b ma voiture sur le parking.

3 Elles étaient   c aller à Bordeaux, mais mes parents ont décidé d'aller en Alsace.

4 Heureusement, nous   d partie de bonne heure, mais il y avait beaucoup de circulation.

5 Ma sœur était   e avions acheté des sandwichs.

6 Mes parents   f parties quand il a commencé à pleuvoir.

7 Si tu avais   g avaient loué un appartement au bord de la mer.

8 J'avais laissé   h gagné au loto, qu'est-ce que tu aurais fait?

1 ....

2 ....

3 ....

4 ....

5 ....

6 ....

7 ....

8 ....

Negatives

You use negatives when you want to say 'not', 'never', 'no longer', 'none', etc. French negatives almost always have two parts: *ne* before the verb and *pas*, etc, after the verb, making a 'sandwich'.

A Match the French to the English translations.

ne … pas	neither … nor
ne … jamais	not any, none
ne … plus	nobody, not anybody
ne … rien	not yet
ne … personne	no longer, no more
ne … aucun	never
ne … que	nothing, not anything
ne … ni … ni…	not
ne … pas encore	only

B Translate these sentences.

Example: Il ne parle pas de son accident.   He doesn't talk about his accident.

1 Nous n'aimons ni la géo ni l'histoire. ....

2 Je ne mangerai plus de viande. ....

3 Il n'est jamais arrivé. ....

4 Ils n'ont rien trouvé. ....

5 Je n'envoie aucune carte postale. ....

6 Elle ne fait que deux heures par mois. ....

7 Il ne retournera plus jamais en Italie. ....

C Rearrange the words to make correct sentences.

Example: ne vaisselle fais la Je jamais. Je ne fais jamais la vaisselle.

1 aucune Nous idée avons n' ....

2 n'a dix Paul euros que ....

3 fête n' Personne ma venu à est ....

4 bu Ils n'ont café rien au ....

5 achèterez n' de chocolat plus Vous? ....

D Make these sentences negative by inserting the given words. Remember that *du, de la, de l', des, un* and *une* all change to *de (d')* and mean 'any' if they appear after the negative.

Example: Je vois un nuage dans le ciel (ne … pas) Je ne vois pas de nuage dans le ciel.

1 Nous boirons de la limonade (ne … plus) ....

2 Elle a dit bonjour (ne … jamais) ....

3 Tu rencontres deux amies en ville (ne … que) ....

4 Il a compris (ne … rien) ....

E Answer these questions in the perfect tense with the negative given.

Example: Il est sorti? (ne … pas) Non, il n'est pas sorti.

1 Ils ont acheté une maison? (ne … jamais) Non, ils ....

2 Elle a fait de la natation? (ne … pas) ....

3 Elles sont venues? (ne … jamais) ....

The perfect infinitive and present participles

The perfect infinitive

A Give the perfect infinitive of the following verbs.

> Be careful as you will need to remember if the verb uses *avoir* or *être* in the perfect tense

Example: manger *avoir mangé*

1 faire ....
2 aller ....
3 jouer ....
4 finir ....
5 arriver ....

6 mettre ....
7 vouloir ....
8 sortir ....
9 écrire ....
10 partir ....

B Match up the French and English.

1	Après avoir joué au foot	A	After having left
2	Après être arrivé à la gare	B	After having eaten
3	Après avoir mangé	C	After having got up
4	Après avoir pris une douche	D	After having played football
5	Après s'être levé	E	After having had a shower
6	Après être entré dans la cuisine	F	After having done my homework
7	Après avoir fait mes devoirs	G	After having entered the kitchen
8	Après être parti	H	After having arrived at the station

C Translate these sentences into French.

> Remember that with *être* verbs, the past participle must agree with the subject

1 After having gone into town, she had lunch.

2 After having eaten, he went to the cinema.

3 After having arrived at the station, the girls bought their tickets.

4 After having chatted to his friends, Paul went home.

The present participle

A Put these infinitives into the present participle.

1 finir ....
2 acheter ....
3 aller ....
4 dire ....
5 manger ....

6 faire ....
7 prendre ....
8 vouloir ....
9 partir ....
10 venir ....

B Complete the sentences by changing the verb in brackets into the present participle.

1 J'ai lu un livre en (écouter) de la musique. ....

2 Elle lui a expliqué la situation en (rire). ....

3 Nous avons réussi en (travailler) dur. ....

4 Ils sont entrés dans la maison en (courir). ....

5 Ma mère a tricoté en (regarder) la télé. ....

The passive and the subjunctive

The passive

A Match up the correct English and French.

1 La lettre a été écrite par mon grand-père.	A The biscuits are made by my father.
2 Les biscuits sont faits par mon père.	B The money was given by my aunt.
3 Les animaux ne sont pas admis.	C The film was watched by everyone.
4 L'argent a été donné par ma tante.	D The letters will be sent tomorrow.
5 Le film a été regardé par tout le monde.	E The letter was written by my grandfather.
6 Les lettres seront envoyées demain.	F Pets are not allowed.

B Translate the following into French.

Example: The results will be published. Les résultats seront publiés.

1 The boys were found by the police. ....

2 She will be injured if she does not pay attention to the traffic. ....

3 The apples are washed by the children. ....

4 He has been invited to a party. ....

5 The house will be sold. ....

6 The castle was built a hundred years ago. ....

Remember that the past participle agrees with the subject when the passive is used.

The subjunctive

A Match up the English and French.

1 Il faut qu'on parte.	A It's a pity that she cannot come.
2 Bien qu'il soit travailleur	B It's possible that pollution will be reduced.
3 Avant qu'ils arrivent	C We must leave.
4 À condition que tu travailles bien	D Before they arrive
5 Il est dommage qu'elle ne puisse pas venir.	E Although he is hard-working
6 Il est possible qu'on réduise la pollution.	F Provided that you work well

B Translate the following sentences into English.

1 Il semble qu'ils aient peur. ....

2 Je veux que tu m'accompagnes. ....

3 Il faut que tout le monde vienne chez nous. ....

4 Bien qu'elle travaille bien, elle n'est pas très douée. ....

5 Je ne pars jamais avant que tout le travail soit fait. ....

6 Je vais beaucoup réviser pour que mes parents soient fiers de moi. ....

Questions

In French you can make something a question by raising your voice at the end of a sentence. However, if you are aiming for a Higher grade you need to use question words.

A Make these sentences into questions by using *est-ce que*.

Example: Tu manges des bonbons.   *Est-ce que tu manges des bonbons?*

1 Il peut venir lundi. ....

2 Vous avez une carte de la ville. ....

3 Les élèves ont fini leurs devoirs. ....

4 Elle veut aller en ville. ....

5 Vous êtes vendeuse. ....

6 Nous arriverons au collège à l'heure. ....

B Find the five pairs of questions which mean the same.

1 Est-ce que tu aimes le français?	A Fait-il du français le mardi?
2 Est-ce qu'elle est française?	B As-tu français le mardi?
3 Est-ce qu'il adore le français?	C Aimes-tu le français?
4 Est-ce que tu as français le mardi?	D Est-elle française?
5 Est-ce qu'il fait du français le mardi?	E Adore-t-il le français?

C Separate into ten questions.

Est-cequetuvasenvilledemainmatinest-cequ'iljoueautennisest-cequ'ellepartiraen
vacancesenjuilletest-cequetuasperdutaclefest-cequetuasréservéunechambreest-ce
quetupréfèresvoyagerenavionouentrainest-cequelesportablessontutilesest-ceque
lechienestmignonest-cequetuveuxalleraucinémaavecmoiest-cequetusaisfairedelavoile

D Match the question word with the rest of the sentence.

1 Qu'	A es-tu venu?
2 Combien de	B est-ce que tu aimes faire?
3 Où	C est-ce que tu vas aider les pauvres?
4 Comment	D habites-tu?
5 Pourquoi	E préférez-vous voyager en France? En train?
6 À quelle heure	F parles-tu français?
7 Depuis quand	G est-ce que tu te réveilles le matin?
8 Quand	H personnes habitent à Londres?

E Imagine you get the chance to interview your favourite celebrity. Prepare a list of six questions for them.

....

....

....

....

....

....

Prepositions, conjunctions and intensifiers

A   Match up opposite pairs of prepositions.

1	sur	A	à la fin
2	devant	B	partout
3	loin de	C	sans
4	nulle part	D	contre
5	pour	E	après
6	avec	F	sous
7	avant	G	derrière
8	au début	H	près de

B   How many of these prepositions do you recognise?

loin de, près de, en face de,

devant, derrière, à côté de,

nulle part, partout, pour ou contre,

à droite, à gauche, environ.

C   Fill the gaps with the words in the box. The first letter is given in the text as a clue for some of them. Then translate the text into English. You may use some words more than once.

à   À la fin   Après   D'abord   dans   de   et   mais   nulle part   parmi
partout   près de   puis

D.............., je me suis levée à 7 heures, p.............. je me suis lavée. Je suis entrée
d.............. la salle de bains située p.............. ma chambre et j'ai décidé .... prendre
une douche .... me brosser les dents aussi. A.............. ma douche, j'ai
cherché ma serviette p.............. m.............. je ne l'ai trouvée n..............
À .... j'ai réussi .... retrouver mon pyjama p.............. mes affaires
.... je suis rentrée .... ma chambre.

First of all, I got up at 7 o'clock...

....

....

....

....

....

D   All these prepositions, conjunctions and intensifiers have been jumbled up. How quickly can you write them correctly?

1	cnod..............	6	etdapnn..............	11	nvdtae..............
2	etesiun..............	7	tvnaa..............	12	spèr ed..............
3	ssaui..............	8	ne eacf ed..............	13	oervnni..............
4	ttrpuao..............	9	zceh..............	14	ssna..............
5	sima..............	10	mpria..............	15	rsev..............

Test: listening

Pearson Edexcel publishes official Sample Assessment Material on its website. This test has been written to help you practise what you have learned across the four skills, and may not be representative of a real exam paper.

Listen to the recording

At the tourist office

1   What do these people want to do?

Listen to the recording and put a cross [×] in each one of the **three** correct boxes.

A	Go to the cinema	☐
B	Go shopping	☐
C	Catch a train	☐
D	Go to a theme park	☐
E	Visit the castle	☐
F	See a play	☐
G	Find a good hotel	☐

(3 marks)

Listen to the recording

School studies

2   Marc is talking about his school with a friend.

Listen to the recording and answer the following questions **in English**.

(a)   What is Marc studying in history?

.... **(1 mark)**

(b)   Why does Marc like history so much?

.... **(1 mark)**

(c)   Which subject does he hate?

.... **(1 mark)**

(d)   What does Marc do at break time?

.... **(1 mark)**

The environment

3 Alice and Robert are talking about what they do to protect the environment.

recycles glass	recycles paper	recycles metal	electricity
water	by public transport	on foot	by car

Complete the sentences. Use the correct word or phrase from the box.

(a) Alice saves ………………………… and ………………………….   **(2 marks)**

(b) Robert always goes to school ………………………… and

………………………… .   **(2 marks)**

Les rapports personnels

4 Lucas parle de sa famille et de ses amis.

Comment sont ces personnes? Choisis entre: **bavard**, **timide**, **intelligent**, **paresseux** et **amusant**.

(a) Son frère est ………………………… .   **(1 mark)**

(b) Mohammed est ………………………… .   **(1 mark)**

(c) Yvon n'est jamais ………………………… .   **(1 mark)**

Mes vacances

5 Écoute Margot parler des vacances.

Complète les phrases en choisissant un mot ou des mots dans la case. Il y a des mots que tu n'utiliseras pas.

les magasins	la natation	quinze jours	une semaine
avec sa famille	en ville	sans ses parents	chez sa meilleure copine
à la campagne	dans une auberge de jeunesse	dans un petit camping	un mois

(a) La mère de Margot aime passer les vacances ………………………… .   **(1 mark)**

(b) L'année dernière, la famille a passé ………………………… en Italie.   **(1 mark)**

(c) Cette année, Margot va loger ………………………… .   **(1 mark)**

(d) Ses vacances de rêve seraient ………………………… .   **(1 mark)**

Social media

6 You hear Muriel talking about social media.

What does she say?

Listen to the recording and complete these statements by putting a cross [×] in the correct box for each question.

(a) Muriel uses social media …

☐	**A** every day
☐	**B** once a fortnight
☐	**C** once a week
☐	**D** twice a week

(b) She says that she could not live without …

☐	**A** her laptop
☐	**B** her mobile phone
☐	**C** her tablet
☐	**D** her desktop computer

(c) Muriel never …

☐	**A** gives her personal details online
☐	**B** posts photos on social networking sites
☐	**C** worries about cyber bullying
☐	**D** uses chatrooms

(d) Muriel's cousin …

☐	**A** was bullied online
☐	**B** was the victim of identity theft
☐	**C** has received lots of compliments online
☐	**D** has never used social networking sites

(4 marks)

Where I live

7 Jamel is talking about where he lives.

Put a cross [×] in each one of the **two** correct boxes for each question.

(a) What does Jamel say about the village where he lives?

A	The people who live there are friendly.	☐
B	There is a cinema there.	☐
C	There are no shops there.	☐
D	There are not many young people.	☐
E	It's a 30-minute journey to get to the shops.	☐

(b) What does he say about where he used to live?

A	It was a small town.	☐
B	His family left there 12 years ago.	☐
C	It was a lively place.	☐
D	Everything there was better than in his village.	☐
E	Jamel often goes back there.	☐

(4 marks)

World problems

8 You hear this extract on French radio about dangers to the environment.

Listen to the recording and answer the following questions **in English**.

(a) Who says that Planet Earth is in danger?

.... **(1 mark)**

(b) What causes the greenhouse effect?

.... **(1 mark)**

(c) Give two consequences of global warming.

....

.... **(2 marks)**

Listen to the recording

Test: reading

Leisure activities

1 Read these comments about leisure activities on a website.

Aline:	J'aime bien faire de la plongée car c'est passionnant. De temps en temps, je vais au ciné.
Barbara:	Quand je suis libre, j'adore faire du VTT avec mes meilleures copines. Des fois je joue aussi au hockey.
Priya:	La lecture me plaît énormément, mais j'aime également faire du cheval quand je vais à la campagne.
Delphine:	Mon passe-temps préféré, c'est dessiner car j'aime être créative, mais j'aime aussi l'art dramatique.

Who says the following? Enter either **Aline**, **Barbara**, **Priya** or **Delphine**.

You can use each person more than once.

(a) .... reads a lot.

(b) .... likes drawing.

(c) .... sometimes participates in a team sport.

(d) .... likes diving.

(e) .... goes horse-riding.   **(5 marks)**

Technology at school

2 Read what Paul says about technology at his school.

Je vais dans un lycée moderne où il y a une douzaine de salles d'informatique qui disposent d'ordinateurs portables. Il y a un écran tactile dans la plupart des classes et dans certaines classes on a aussi accès aux tablettes. Je trouve donc ridicule qu'il soit interdit d'apporter nos portables à l'école. J'aimerais bien utiliser Internet sur mon propre portable afin de faire des recherches pour mon travail scolaire.

Put a cross [×] in the correct box.

(a) Paul's school is …

☐	**A** old
☐	**B** modern
☐	**C** very small
☐	**D** mixed

(b) In his school there are a dozen …

☐	**A** classrooms
☐	**B** computers
☐	**C** computer rooms
☐	**D** IT teachers

(c) You can use tablets in …

☐	**A** some classrooms
☐	**B** every classroom
☐	**C** maths lessons
☐	**D** no classrooms

(d) Paul thinks it is ridiculous that …

☐	**A** there are not enough tablets
☐	**B** there are not enough touch screens in school
☐	**C** you are not allowed to bring mobiles to school
☐	**D** you need to do lots of research at home

(4 marks)

Un emploi à temps partiel

3 Lis cet e-mail de Roxanne.

> ✉
>
> Cet été, pendant les grandes vacances, je vais travailler dans un petit supermarché tout près de chez moi pour avoir un peu d'argent supplémentaire. Je vais passer la plupart du temps à la caisse et mes copains me disent que c'est un emploi monotone et inintéressant. Je vais faire des économies car je voudrais acheter un vélo comme cadeau d'anniversaire pour mon petit ami.

Complète chaque phrase en utilisant un mot de la case. Attention! Il y a des mots que tu n'utiliseras pas.

> | supermarché | loin | être | ennuyeux |
> |---|---|---|---|
> | facile | offrir | près | gagner |

(a) Le supermarché se trouve .... de la maison de Roxanne.   **(1 mark)**

(b) Elle va .... de l'argent.   **(1 mark)**

(c) Les copains de Roxanne pensent que le travail va être ....   **(1 mark)**

(d) Roxanne va .... un cadeau d'anniversaire à son copain.   **(1 mark)**

A music event

4 Read the blog post below.

> Chaque année en août, le festival international des jeunes musiciens a lieu à Marseille. Le festival a commencé il y a huit ans avec une dizaine de groupes et de chanteurs européens, mais cette année les organisateurs ont invité plus de soixante-dix concurrents, y compris deux groupes asiatiques et cinq chanteurs africains. Naturellement, le festival attire plein de spectateurs des quatre coins du monde et cette année il y aura trois énormes campings dédiés au festival, mais il faut faire attention, car même en été, le beau temps n'est pas assuré.

Answer the following questions **in English**.

(a) When does the festival take place? ....

(b) How do you know that the festival is bigger than when it started?

....   **(1 mark)**

(c) What special arrangements have been made for spectators?

....   **(1 mark)**

(d) What are spectators warned about?

....   **(1 mark)**

Translation

5 Translate this passage **into English**.

> Je vais à l'école en car. Les cours commencent à huit heures et demie et à mon avis c'est trop tôt. Ma matière préférée c'est le dessin car je m'entends bien avec le prof. Je n'aime pas les maths car on nous donne beaucoup de devoirs. Hier j'ai passé un examen d'histoire et c'était vraiment difficile. Le collège me plaît parce que j'ai plein de copains et que la plupart des profs sont sympa.

....

....

....

....

....

....

....

.... **(7 marks)**

La télé-réalité

6 Lis ce texte.

> Quinze ans après le début de *Loft Story*, la télé-réalité en France marche toujours aussi bien auprès
> des jeunes qui restent devant le petit écran. Cette génération consomme différemment la télé, sur les
> tablettes ou sur un ordinateur, mais les jeunes sont quand même accros aux émissions de télé-réalité.
> L'émission culte, ce sont *Les Anges de la télé-réalité* dont la sixième saison vient de débuter avec près
> de 2 millions de téléspectateurs parmi les 15–22 ans. Il s'agit de faire cohabiter d'anciens candidats
> de télé-réalité française dans une villa en Floride. Chaque personne doit s'accomplir dans la chanson,
> la comédie et la mode afin de récolter de l'argent pour une association caritative qui veut construire
> une école au Sénégal. Les recettes de l'audience ne varient jamais: des corps bronzés, de belles filles,
> de la passion, des disputes et des amitiés.

Mets une croix [×] dans la case correcte.

(a) La télé-réalité reste populaire auprès …

☐	**A** des jeunes
☐	**B** des femmes
☐	**C** des petits
☐	**A** de tout le monde

(b) *Les Anges de la télé-réalité* …

☐	**A** n'est plus populaire
☐	**B** est une émission qui vient de se terminer
☐	**C** passe actuellement en France
☐	**D** attire moins de 2 millions de téléspectateurs

(c) Les candidats doivent …

☐	**A** aller en Italie
☐	**B** voyager au Sénégal
☐	**C** préparer beaucoup de recettes
☐	**D** vivre ensemble

(d) L'émission …

☐	**A** se passe dans une école
☐	**B** aide une organisation caritative
☐	**C** a lieu au Sénégal
☐	**D** est diffusée en Afrique

(4 marks)

A tourist destination

7   Read this extract from a tourism website.

● ● ●

La Corse, une destination dont tout le monde rêve!

Surnommée l'île de beauté, la Corse possède un climat méditerranéen qui assure dès le printemps des conditions climatiques impeccables pour les vacances. Les loisirs marins sont nombreux, surtout la voile, et on peut louer un bateau à prix raisonnable ou on peut également se détendre sur des plages sablonneuses où le ciel bleu est accompagné par un soleil radieux. Les marcheurs auront de quoi faire avec de belles randonnées à travers la montagne ou sur les chemins côtiers. On ne se lasse pas non plus de goûter aux spécialités culinaires, surtout pour les végétariens.

Attention cependant, la Corse est une destination chère, particulièrement pendant la haute saison. Pourquoi ne pas essayer un gîte rural ou une maison d'hôtes. Et les campings, sans être spécialement bon marché, restent une des solutions les plus économiques. Un séjour en Corse peut donc revêtir un visage différent selon le budget dont on dispose, mais surtout selon les envies que l'on a.

Put a cross [×] next to each one of the **three** correct statements.

A	The weather in Corsica is perfect for holidays all year round.	☐
B	You can hire boats quite cheaply in Corsica.	☐
C	There are sandy beaches in Corsica.	☐
D	Corsica is good for those who like walking by the coast.	☐
E	Vegetarians are not especially well catered for in Corsica.	☐
F	Campsites in Corsica are particularly cheap.	☐
G	Every holiday in Corsica is more or less the same.	☐

(3 marks)

Le médecin arrive

8   Lis le passage et trouve les **quatre** bonnes phrases. Mets une croix [×] dans la case correcte.

Charles est monté au premier étage voir le malade. Il le trouvait dans son lit, suant* sous ses couvertures. C'était un gros petit homme de cinquante ans, à la peau blanche, à l'œil bleu, chauve sur le devant de la tête, et qui portait des boucles d'oreilles. Il avait à ses côtés, sur une chaise, une grande carafe d'eau ce qu'il versait de temps en temps dans un verre, disant qu'il avait toujours vraiment soif.

(Adapted from *Madame Bovary* by Gustave Flaubert)

*suant = sweating

A	Le malade était au premier étage.	☐
B	Le malade était au lit.	☐
C	L'homme n'était pas mince.	☐
D	L'homme était très jeune.	☐
E	L'homme voulait manger une baguette.	☐
F	Il avait les yeux bleus.	☐
G	L'homme ne souffrait pas.	☐
H	L'homme a crié dès que Charles est entré.	☐

(4 marks)

Translation

9   Translate this passage **into English**.

> La ville de Bamako est dans le sud du Mali. Il n'y pleut presque jamais et on ne peut pas facilement cultiver assez de nourriture parce qu'il y fait chaud. Il y a beaucoup d'enfants mal nourris malgré les efforts des fermiers. Le chômage est un problème grave partout et de plus en plus de jeunes sont en train de quitter le pays afin de trouver un emploi.

....

....

....

....

....

....

....

.... **(7 marks)**

Test: speaking (Foundation)

Role-play: Travel and tourism

SPEAKING TRACK 60

Listen to the recording

1 You are going to eat at a restaurant in France with your English friend. The teacher will play the part of the waiter/waitress and will speak first.

You must address the waiter/waitress as *vous*.

You will talk to the teacher using the five prompts below.

• Where you see –? – you must ask a question.

• Where you see –! – you must respond to something you have not prepared.

Task:

Vous êtes dans un restaurant en France avec un(e) ami(e) britannique. Vous parlez au serveur / à la serveuse.

1 Table et nombre de personnes	4 Dessert préféré – pourquoi
2 Boissons désirées	5 ? Toilettes
3 !	

> After you have prepared your answer, play the audio file of the teacher part and give your answers in the pauses.

Picture-based task: School

SPEAKING TRACK 61

Listen to the recording

2 Regarde la photo et prépare des réponses sur les points suivants:

• la description de la photo
• ton opinion sur les études universitaires
• un projet que tu as fait
• ce que tu veux faire comme études l'année prochaine
• ton opinion sur l'apprentissage.

> After you have prepared your answer, play the audio file of the teacher part and give your answers in the pauses. If you need more time, pause the recording.

Test: speaking (Higher)

Role-play: The environment

Listen to the recording

1 You are talking about the environment with a Belgian penfriend. The teacher will play the part of the penfriend and will speak first.

You must address your penfriend as *tu*.

You will talk to the teacher using the five prompts below.

- Where you see –? – you must ask a question.
- Where you see –! – you must respond to something you have not prepared.

Task:

Tu parles de l'environnement avec ton ami(e) belge.

1   Actions pour protéger l'environnement

2   Recyclage dans ta région – opinion

3   !

4   ? Transports en commun – opinion

5   ? Solutions possibles

> After you have prepared your answer, play the audio file of the teacher part and give your answers in the pauses.

Picture-based task: Town, region and country

Listen to the recording

2 Regarde la photo et prépare des réponses sur les points suivants:

- la description de la photo
- ton opinion sur l'importance du tourisme dans ta ville / ton village
- les changements récents dans ta ville / ton village
- où tu voudrais habiter plus tard dans la vie
- !

> After you have prepared your answer, play the audio file of the teacher part and give your answers in the pauses. If you need more time, pause the recording.

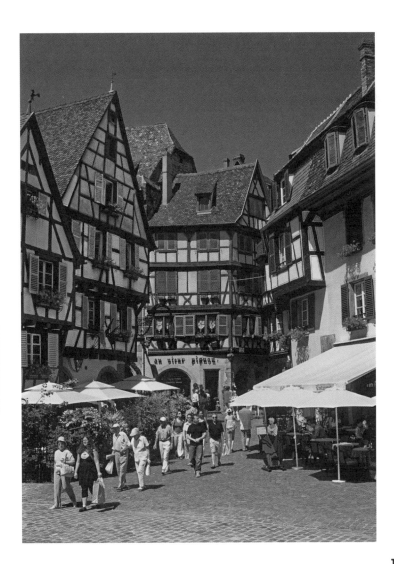

Test: writing (Foundation)

Un festival de musique

1 Tu participes à un festival de musique en France. Tu postes cette photo sur des médias sociaux pour tes amis.

Écris une description de la photo **et** exprime ton opinion sur la musique.

Écris environ 20–30 mots **en français**.

....

....

....

.... **(12 marks)**

Études en France

2 Tu vas faire des études en France. Tu écris au principal du collège où tu vas aller.

Écris:

- quand tu vas commencer tes études
- tes matières préférées
- tes projets pour l'année prochaine
- pourquoi tu veux étudier en France.

Écris 40–50 mots environ **en français**.

....

....

....

....

....

....

....

.... **(12 marks)**

Les fêtes

3 Joël, ton ami belge, t'a envoyé un e-mail sur ce qu'il a fait pour fêter son anniversaire.

Écris une réponse à Joël. Tu dois faire référence aux points suivants:

- comment tu as fêté ton dernier anniversaire
- ta fête préférée et pourquoi
- comment tu vas célébrer le Nouvel An cette année
- pourquoi les fêtes sont importantes.

Écris 80–90 mots environ **en français**.

....

....

....

....

....

....

....

....

....

.... **(15 marks)**

Le collège

4 Traduis les phrases suivantes en français.

(a) I don't like my school.

.... **(2 marks)**

(b) There are lots of classrooms.

.... **(2 marks)**

(c) There are five lessons per day.

.... **(2 marks)**

(d) Usually at break I chat with my friends in the canteen.

.... **(3 marks)**

(e) Last year I played football for the school team. It was great.

.... **(3 marks)**

Test: writing (Higher)

L'avenir

1   Un site Internet français cherche tes opinions sur l'avenir.

Écris à ce site Internet.

Tu **dois** faire référence aux points suivants:

- ta personnalité
- tes rêves et tes projets quand tu étais plus jeune
- ton travail / tes voyages possibles à l'avenir
- pourquoi il est important d'avoir des rêves.

Écris 80–90 mots environ **en français**.

....

....

....

....

....

....

....

....

....

.... **(20 marks)**

Les vacances

2   Un magazine français cherche des articles sur les vacances pour son site Internet.

Écris un article sur tes dernières vacances.

Tu **dois** faire référence aux points suivants:

- ce que tu as fait l'année dernière pendant les vacances
- pourquoi ce choix de destination
- ce que tu penses des vacances en général
- tes vacances idéales.

Justifie tes idées et tes opinions.

Écris 130–150 mots environ **en français**.

....

....

....

....

....

....

....

....

....

....

....

....

....

....

....

....

.... **(28 marks)**

Une ville en France

3 Traduis le passage suivant **en français**.

> My friend Marc lives in a big house in Rennes in the west of France. He loves living there because there are lots of things for young people to do. He used to live in the east in a little village in the countryside but he moved two years ago. In the future he would like to live abroad, perhaps in England as he has several friends there.

....

....

....

....

....

....

....

.... **(12 marks)**

Answers

The answers to the Speaking and Writing activities below are sample answers – there are many ways you could answer these questions.

Identity and culture

1. Physical descriptions
Reading
1   (a) B (b) F (c) A (d) D (e) C

Listening
2   B, E, D, C

2. Character descriptions
Speaking
1   Sample answers:

(a) On dit que je suis assez timide et vraiment travailleur, mais je ne suis pas d'accord parce que je suis sociable, surtout quand je sors avec mes copains. Je pense que je suis assez sérieux en classe, mais quand j'ai du temps libre je suis plutôt marrant et un peu bizarre de temps en temps. Par exemple, le week-end dernier je me suis habillé en fantôme et je suis sorti avec mes copains!

(b) Ma meilleure copine, Lucy, est très amusante et elle me fait toujours rire. Tout le monde dit qu'elle est sympa et généreuse et elle est toujours prête à aider ses copains et sa famille, ce qui m'impressionne. Elle va m'aider avec mes devoirs ce soir.

(c) Je m'entends bien avec mes amis parce qu'on a les mêmes personnalités et qu'on partage les mêmes centres d'intérêt aussi. Je pense que tous mes copains sont géniaux et drôles comme moi.

Reading
2   A, C, E, H

3. Describing family
Listening
1   A, B, C, F

Writing
2   (a) J'aime ma famille.
(b) Mon frère est embêtant.
(c) Ma sœur est assez grande.
(d) Je m'entends bien avec ma mère parce qu'elle est gentille.
(e) Mon père m'énerve quelquefois.

4. Friends
Reading
1   Aliyah – C ; Suzanne – D; Robert – F; Lola – A; Carla – B

Speaking
2   Sample answers:

(a) Il y a sept jeunes, cinq filles et deux garçons. Je pense qu'ils s'amusent bien car ils sourient. À mon avis, ce sont des copains en vacances ensemble, peut-être en France.

(b) À mon avis, un bon ami devrait être fidèle et sympa, et mes copains ont les mêmes loisirs que moi. Il faut pouvoir écouter les problèmes de ses amis aussi.

(c) Mon meilleur copain est très gentil. Il s'appelle Luke et je le connais depuis cinq ans. Il va au même collège que moi. On s'amuse bien ensemble et il me fait tout le temps rire.

(d) La semaine dernière, je suis allé au cinéma avec plusieurs copains et nous avons vu un film comique qui était vraiment marrant. Après avoir mangé dans un petit café en ville, nous sommes rentrés chez moi où nous avons joué sur ma console de jeux.

(e) Le week-end prochain, je vais faire de la natation avec mes amis au centre sportif dans une ville voisine, ensuite nous irons au stade regarder un match de rugby.

5. Role models
Reading
1   B, C, F, G

Listening
2   (a) A (b) C (c) A (d) B

6. Relationships
Writing
1   Sample answer:
Voilà une photo de Marc, mon frère aîné, sa femme qui s'appelle Priya et leurs deux enfants, Ranveer, qui a six ans, et Melissa qui a neuf mois. J'aime toute la famille.

Reading
2   I get on well with my little brother. He is understanding and funny, but I often argue with my sister. Yesterday she took my skirt without asking my permission. She never helps at home and she gets on my nerves all the time. She has told me that she is going to be less lazy.

7. When I was younger
Listening
1   C, D, E, G

Speaking
2   Sample answers:

(a) J'habitais dans une grande maison individuelle au bord de la mer dans le sud de l'Écosse, mais maintenant nous habitons dans une grande ville moderne dans l'est de l'Angleterre. Je crois que je préfère l'Écosse car c'était très pittoresque, mais il faisait trop froid en hiver.

(b) Quand j'étais jeune, je faisais du vélo presque tous les jours, mais maintenant je n'en fais plus car je suis trop occupé. Je jouais sur mon ordinateur et je jouais aussi de la flûte, ce qui me plaît toujours.

(c) Nous allions toujours faire du camping au pays de Galles et il pleuvait sans cesse. Une année, nous sommes allés en France, mais mes parents ne parlent pas français et ils avaient des difficultés à s'exprimer, alors nous n'y sommes pas retournés.

8. Peer group
Listening
1   (a) They are about the same age / they like the same rap music.
(b) Two of the gang stole bottles of alcohol / from a shop in the area.
(c) Lucas and his friends stole clothes / from a department store.
(d) Ashamed
(e) Peer pressure / people said it would be cool.

Writing
2   Beaucoup de mes amis ont des tatouages et des piercings, mais je n'aime pas ça car je pense que c'est moche. La semaine dernière je suis allé(e) en ville avec ma sœur et nous avons vu un garçon de mon école qui avait un piercing au nez. Maintenant ma sœur veut avoir un piercing parce que tous ses amis en ont un.

9. Money

Speaking

1   Sample answers:

Listen to the recording

(a) Sur la photo il y a un couple. L'homme porte des sacs et la femme a une carte de crédit dans la main. Ils sont heureux car ils viennent d'acheter beaucoup de cadeaux.

(b) Je crois que l'argent est essentiel mais pas très important dans la vie, car à mon avis être heureux, c'est plus important.

(c) La semaine dernière, j'ai rangé ma chambre et mes parents m'ont donné de l'argent. J'ai aussi trouvé un petit job dans un centre sportif en ville où je travaille six heures le samedi.

(d) Je n'aime pas faire des économies car je suis très impulsif, mais je fais des économies pour un nouveau portable.

(e) Je vais acheter un jean et des baskets et j'irai aussi au cinéma.

Listening

2   (a) birthday present / scarf

(b) laptop / spend all the pocket money

(c) tablet / more up to date

10. Customs

Reading

1   (a) Cameroon

(b) People shake hands when they meet.

(c) Squeezing the hand too tightly.

(d) France promotes racial tolerance / he has been accepted.

Listening

2   B, C, F, G

11. Everyday life

Speaking

1   Teacher transcript and sample answers:

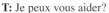

Listen to the recording

T: Je peux vous aider?

S1: Je veux jouer au tennis car c'est un sport actif.

T: Ah oui, et pourquoi voulez-vous venir ici?

S2: C'est bien équipé et le personnel est poli.

T: Ah, c'est gentil. Qu'est-ce que vous avez fait ce matin?

S3: J'ai joué au badminton.

T: Excellent. Avez-vous une question?

S4: Quelles sont vos heures d'ouverture?

T: De sept heures jusqu'à vingt-deux heures. Avez-vous une autre question?

S5: Je peux faire un tour du centre?

T: Oui, suivez-moi.

Listening

2   (a) dort (b) pas (c) fait ses devoirs (d) les sports

12. Meals at home

Reading

1   (a) One month

(b) One of the following: could be stressful / still had a cold

(c) One of the following: show cooking skills / father could relax

(d) She disliked everything

(e) One of the following: grateful / found it unbelievable

Writing

2   Sample answer:

Voilà ma famille qui prend le petit déjeuner le weekend à la maison. On mange des croissants et on boit un jus d'orange. Moi, je ne prends pas de petit déjeuner pendant la semaine car je suis pressé le matin.

13. Food and drink

Reading

1   (a) B   (b) C   (c) C   (d) A

Writing

2   (a) J'aime manger du poisson.

(b) Je n'aime pas le café.

(c) Au petit déjeuner, je prends des céréales.

(d) D'habitude on dîne à six heures du soir.

(e) Ce soir je vais manger dans un restaurant chic avec ma famille.

14. Shopping

Reading

1   B, C, E, I

Listening

2   (a) some flowers   (b) a book   (c) a bag

15. Shopping for food

Listening

1   (a) mushrooms   (b) cabbage   (c) eggs

Writing

2   Sample answer:

Sur la photo il y a un jeune boulanger français qui sourit. Il vend des croissants et des baguettes. J'adore les magasins français car ils sont intéressants.

16. Social media

Reading

1   I spend lots of time on social network sites. I think that I would not be able to live without my mobile. I know that there are many dangers but it's an efficient way of keeping up with world events. I can also follow my friends' activities and recently a friend posted a photo of her dog online and we all found it amusing.

Speaking

2   Teacher transcript and sample answers:

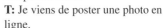

Listen to the recording

T: Je viens de poster une photo en ligne.

S1: Moi, je déteste Facebook car c'est barbant.

T: Comment utilises-tu Internet pour ton travail scolaire?

S2: Je fais des recherches en ligne.

T: Moi aussi. Qu'est-ce que tu as fait en ligne hier soir?

S3: J'ai téléchargé de la musique.

T: C'est intéressant. As-tu une question?

S4: Et toi, comment utilises-tu Internet?

T: Je tchatte avec mes copains. As-tu une autre question?

S5: Que penses-tu des réseaux sociaux?

T: Je pense qu'ils sont excellents.

17. Technology

Reading

1   B, D, F, G

Speaking

2   Sample answers:

Listen to the recording

(a) Moi, je fais presque tous mes achats en ligne, surtout à Noël ou si je dois acheter un cadeau, parce que c'est moins cher. De plus, on n'a pas besoin de quitter la maison, donc c'est un moyen efficace et pratique de tout acheter.

Je viens d'acheter un collier pour ma meilleure amie et tout s'est bien passé, mais un copain m'a dit qu'il avait acheté un DVD qui n'est pas arrivé. La seule chose que je n'achète pas en ligne, ce sont les vêtements car on doit les essayer avant des acheter.

(b) J'ai téléchargé beaucoup de musique parce que je trouve ça pratique: on n'a pas besoin d'acheter tout un album si on n'aime que quelques chansons. Il y a des sites où on peut télécharger à des prix raisonnables, mais il existe aussi des sites où certaines chansons sont gratuites.

(c) La semaine prochaine, je vais tchatter avec plusieurs amis en ligne, ce qui sera intéressant car un de mes meilleurs copains vient de déménager en Corse et grâce à la technologie, je pourrai non seulement lui parler facilement mais aussi le voir sur mon écran!

18. Internet pros and cons

Reading
1   (a) de faire beaucoup de choses
    (b) aura besoin d'attendre
    (c) pour parler avec d'autres personnes
    (d) toute la soirée
    (e) a eu une mauvaise surprise
    (f) rembourser l'argent volé

Listening
2   A, F, G, H

19. Arranging to go out

Listening
1   A, C, D, F

Reading
2   B, C, E, G

20. Hobbies

Writing
1   Sample answer:
Ma passion, c'est le foot. J'y joue tous les week-ends pour mon club car c'est un sport actif qui me permet de rester en forme et en plus je joue bien.
Samedi dernier, après avoir joué au foot, je suis allé au centre sportif avec quelques copains et nous y avons passé une heure à nager. J'ai trouvé ça très divertissant.
Le week-end prochain, je vais aller au bord de la mer avec ma famille et s'il fait beau, nous ferons de la planche à voile.
À l'avenir, je voudrais faire de l'escalade car c'est un sport physique et un peu dangereux.

Speaking
2   Sample answers:

Listen to the recording

(a) Il y a deux amies qui jouent sur une console de jeux et leurs amis les regardent. Il me semble que tout le monde s'amuse très bien.

(b) Moi, j'aime bien les jeux vidéo car ils sont stimulants et marrants, mais j'ai beaucoup de travail scolaire à faire, alors je joue moins sur mon ordinateur et ma console.

(c) Quand j'étais plus jeune, je jouais au rugby, mais je me suis cassé le bras, donc j'ai arrêté d'y jouer et maintenant je préfère jouer au tennis car c'est moins dangereux.

(d) La semaine prochaine je vais faire de la natation à la piscine qui se trouve tout près de ma maison. J'irai là-bas avec mes copains et nous prendrons un repas ensemble avant de rentrer. Ce sera génial.

(e) À mon avis les jeunes devraient être plus actifs car c'est bon pour la santé. C'est pourquoi je fais du sport régulièrement.

21. Music

Writing
1   Sample answer:
Sur la photo on voit mon orchestre. Nous allons jouer dans un festival de musique à Rouen. Au milieu, c'est Jean, qui joue de la trompette. J'adore la musique classique et je joue de la clarinette.

Speaking
2   Sample answers:

Listen to the recording

(a) Je jouais de la flûte mais je n'en joue plus car je n'ai pas le temps.

(b) Je préfère la musique rock car c'est rythmé, mais je déteste la musique rap car c'est très barbant.

(c) Il y a un mois je suis allée voir Beyoncé en concert à Londres avec un groupe de copains. Elle a chanté toutes mes chansons favorites et j'étais très content.

22. Sport

Reading
1   (a) B (b) B (c) A (d) B

Listening
2   (a) A (b) C (c) B

23. Reading

Writing
1   (a) *J'aime lire des bandes dessinées.*
    (b) Mon frère aime lire.
    (c) Je n'aime pas lire le journal tous les jours.
    (d) On peut lire des magazines en ligne.
    (e) Le week-end prochain je voudrais lire un roman policier.

Reading
2   I was reading an historical novel when my mother entered the living room. Since she only reads fashion magazines, she looked at me in a negative way. However, I continued reading, because reading is my big passion. I read anything, but I prefer love stories because you can escape from daily life and forget all your worries.

24. Films

Reading
1   (a) Everyone
    (b) Tickets sell quickly
    (c) (i) Take seat promptly
        (ii) Switch off mobile
    (d) (i) They tire easily
        (ii) They lose concentration
    (e) (i) Free
        (ii) Safe

Listening
2   (a) C (b) C (c) C (d) A

25. TV

Listening
1   (a) soap operas (b) factual programmes (c) news (d) cartoons

Writing
2   Sample answer:
Je regarde la télé tous les jours, normalement après être rentré de l'école. Ce que j'aime le plus, ce sont les documentaires parce que la nature me plaît énormément et que je suis fasciné par les animaux. J'aime aussi les feuilletons car je les trouve divertissants et quelquefois drôles.
La semaine dernière, avec ma famille, j'ai regardé un documentaire. C'était sur les animaux sauvages en Australie et j'étais ravi de voir des kangourous et des koalas dans leur habitat naturel. J'ai trouvé les images sensationnelles.
Le week-end prochain, on va passer une émission comique à la télé et j'aimerais la regarder avec mes copains car on aime bien rigoler ensemble. Il s'agit de deux jeunes hommes qui n'ont pas de chance et qui sont toujours en train de faire des bêtises.
Je préfère voir des films au ciné car j'aime bien le grand écran, même si on doit se taire pendant la séance!

26. Celebrations

Reading

1. (a) En souvenir de la Résurrection de Jésus.
   (b) Il y a de grandes messes et des processions religieuses.
   (c) de l'agneau / des plats délicieux
   (d) du ciel
   (e) lapin/poisson

Speaking

2. Sample answers:

   (a) C'est l'anniversaire d'un petit garçon qui a six ans. Il y a un gâteau d'anniversaire en chocolat et toute sa famille est là. On applaudit.
   (b) Mes parents organisent une soirée pour moi ou de temps en temps je sors avec mes copains.
   (c) Je vais passer la journée avec mes amis au centre sportif puis, le soir, j'irai dans un restaurant en ville avec ma famille et nous dînerons ensemble.
   (d) Moi, je préfère Noël parce que je reçois plein de cadeaux et de cartes et qu'on fait un grand repas. Tout le monde est content et j'aime ça.
   (e) Oui, on mange trop, surtout à Noël, et certaines personnes boivent trop d'alcool. À mon avis, c'est dommage parce que ce n'est pas bon pour la santé.

27. Festivals

Reading

1. B, D, E, G

Listening

2. (a) New Year's Day
   (b) Saint Valentine's Day
   (c) Mother's Day

Local area, holiday and travel

28. Holiday preferences

Reading

1. B, D, E, H

Writing

2. Sample answer:

Moi, je préfère aller en vacances au bord de la mer parce que j'adore bronzer et pratiquer des sports nautiques comme la voile et le ski nautique. J'aime aussi nager et faire de la plongée.

Il y a deux ans je suis allé dans le sud de la France avec ma famille et on a passé des vacances formidables sur la côte, dans un gîte. Il a fait beau presque tous les jours, alors j'ai nagé dans la mer et mes parents ont pu se faire bronzer.

À mon avis, les vacances sont essentielles pour éviter le stress quotidien.

Un jour, j'aimerais aller en Grèce car c'est un pays pittoresque.

29. Hotels

Speaking

1. Teacher transcript and sample answers:

   T: Bonjour. Je peux vous aider?
   S1: Je voudrais deux chambres pour quatre personnes.
   T: Quel type de chambres voulez-vous?
   S2: Je voudrais deux chambres à deux lits avec douche, s'il vous plaît.
   T: Quelles activités préférez-vous faire en vacances?
   S3: J'aime me faire bronzer et faire de la natation.
   T: Que prenez-vous au petit déjeuner?
   S4: Je prends un croissant et du café.
   T: D'accord. Avez-vous une question?
   S5: Il y a un parking à l'hôtel?
   T: Oui.

Reading

2. (a) B (b) A (c) A (d) C

30. Campsites

Listening

1. A, C, D, F

Speaking

2. Sample answers:

   (a) Il y a des jeunes dans des tentes dans un camping. À l'arrière-plan, il y a un champ et des arbres.
   (b) J'aime assez faire du camping parce que c'est relaxant à la campagne.
   (c) Ce n'est pas cher et on est en plein air, mais un hôtel est plus confortable, surtout quand il pleut ou qu'il fait du vent. Il y a aussi le problème des insectes!
   (d) Je vais faire du camping au pays de Galles avec mes copains et j'espère qu'il ne va pas pleuvoir.
   (e) Oui, j'ai passé une semaine dans un camping en Bretagne avec ma famille il y a deux ans. Je me suis bien amusé.

31. Accommodation

Listening

1. A, B, C, E

Writing

2. (a) Je préfère loger dans un hôtel.
   (b) Mon frère aime faire du camping.
   (c) Mes parents n'aiment pas les caravanes.
   (d) Je pense que les hôtels sont très chers.
   (e) L'année dernière j'ai logé dans un grand hôtel au bord de la mer pendant deux semaines.

32. Holiday destinations

Reading

1. C, D, G, H

Listening

2. A, B, D, F

33. Travel

Speaking

1. Sample answers:

   (a) Moi, j'aime bien voyager car il est important d'élargir ses horizons et j'adore découvrir la culture et les traditions d'autres régions. J'aime également essayer les plats locaux et les spécialités du pays.
   (b) J'aimerais voyager en Afrique car c'est un continent mystérieux à mon avis. J'ai envie de visiter le Maroc en particulier, car on m'a dit que les marchés sont magnifiques et que les habitants sont chaleureux et aimables. À l'avenir, je voudrais aussi faire un safari afin de découvrir les animaux dans leur habitat naturel.
   (c) J'ai visité quelques pays en Europe, comme l'Espagne et l'Allemagne, mais mon pays préféré c'est la France. J'y suis allé quatre fois et les vacances que j'ai passées à Biarritz étaient superbes. J'y ai fait de la planche à voile et nous avons logé dans un hôtel cinq étoiles tout près de la mer.

Writing

2. Sample answer:

Je vais arriver dans votre ville pendant les grandes vacances, le 25 juillet. J'ai l'intention de visiter les monuments historiques et de pratiquer beaucoup de sports. Je vais loger à l'auberge de jeunesse, en ville. J'aime la France car c'est un pays pittoresque.

34. Holiday activities

Reading

1 I cannot stand holidays where you do nothing as I always like to be active. Last year I went skiing in Canada and this year I will go to Germany. I hope to go rock climbing there and have long walks in the mountains. On the other hand, my sister prefers stretching out in the sun, reading a detective novel or going shopping.

Listening

2 (a) by the sea / on the coast
(b) it's longer
(c) (rock) climbing
(d) likes the sun / likes to get a tan

35. Holiday plans

Reading

1 (a) A (b) B (c) C (d) B (e) D

Listening

2 (a) his whole family
(b) a self-catering chalet
(c) ski
(d) swim
(e) eat out

36. Holiday experiences

Listening

1 A, B, C, G

Writing

2 Sample answer:

Je vais vous raconter les vacances que j'ai passées avec ma famille à Menton dans le sud de la France l'été dernier. Nous y sommes allés parce qu'un ami de mon père venait de passer des vacances merveilleuses là-bas.

En général, j'aime passer mes vacances avec ma famille parce que mes parents paient tout et que je n'ai pas besoin de dépenser mon propre argent, mais, malheureusement, j'ai moins de liberté, surtout quand je voudrais sortir le soir.

J'ai surtout aimé nager dans la mer car l'eau était chaude. Un jour, on a fait une excursion à Nice. J'ai pu acheter de superbes cadeaux dans des grands magasins luxueux, mais tout était si cher!

À l'avenir je voudrais passer mes vacances au pays de Galles dans un camping avec mes copains parce que nous aurons plus de liberté et que la nature me plaît beaucoup.

37. Transport

Speaking

1 Sample answers:

Listen to the recording

(a) Je n'aime pas voyager en train parce que je trouve ça ennuyeux, surtout pour les longs voyages. J'écoute de la musique ou je lis, mais à mon avis ce n'est pas agréable.

(b) Je préfère voyager en avion car c'est très rapide. Je n'ai pas peur en avion mais je sais que c'est un moyen dangereux de voyager. Néanmoins, j'aime prendre l'avion.

(c) On peut prendre l'Eurostar, y aller en avion ou en bateau. La dernière fois que je suis allé en France, nous sommes allés jusqu'à la côte anglaise en voiture, puis on a pris le ferry pour Calais, mais la mer était agitée et j'étais assez malade.

Writing

2 Je déteste voyager en voiture parce que je suis souvent malade. Par exemple, l'été dernier, je suis allé à Londres avec mes parents mais on a dû s'arrêter car j'avais mal à la tête. Si possible je préfère utiliser mon vélo, mais pour les plus longs voyages je prends le car. La semaine prochaine ma famille va voir ma tante en Espagne, mais nous ne voyageons pas en avion car mes parents ont peur de prendre l'avion.

38. Directions

Reading

1 B, C, E, H

Listening

2 A, B, C, E

39. Holiday problems

Writing

1 Sample answer:

En vacances il y a souvent des moments stressants, par exemple avec les parents. Il y a aussi les problèmes à l'aéroport si le vol est retardé. Naturellement, il peut également y avoir des problèmes de logement et de transport comme des hôtels sales ou une voiture qui tombe en panne.

Les vacances, c'est souvent trop cher aussi, surtout quand on voyage. Mes vacances de rêve seraient en Grèce car l'histoire ancienne m'intéresse beaucoup.

L'année dernière, en Espagne, les employés de notre hôtel étaient impolis et les repas n'étaient pas bons, donc on ne va pas y retourner.

Listening

2 A, C, D

40. Asking for help

Speaking

1 Teacher transcript and sample answers:

Listen to the recording

T: Bonjour. Je peux vous aider?
S1: Bonjour. Je rapporte ce pantalon.
T: Quel est le problème?
S2: Il est trop petit et la couleur ne me va pas.
T: Vous cherchez quel article?
S3: Je voudrais un pantalon noir.
T: Ah bon. Celui-ci vous ira. Avez-vous une question?
S4: Vous voulez une pièce d'identité?
T: Non, ce n'est pas nécessaire. Avez-vous une autre question?
S5: Je peux échanger le pantalon?
T: Oui, certainement.

Listening

2 A, C, E, F

41. Eating out in a café

Reading

1 A, B, D, G, H

Listening

2 ☹ C, E   ☺ A, B

42. Eating out in a restaurant

Reading

1 (a) F (b) G (c) I (d) C

Speaking

2 Sample answers:

Listen to the recording

(a) Sur la photo il y a une famille qui mange dans un restaurant. Je crois qu'il y a le père, la mère, deux enfants et les grands-parents. Les adultes boivent du vin et les petits boivent de l'eau. Tout le monde a l'air content.

(b) Manger au restaurant, ça me plaît parce que j'adore essayer des plats différents et que je suis assez gourmand. Je préfère les restaurants chics où la cuisine est d'une qualité exceptionnelle.

(c) Quand je vais au restaurant, j'aime mieux prendre des pâtes à la sauce piquante car je trouve les repas épicés délicieux. J'aime aussi l'agneau mais je n'aime pas le porc car le goût me déplaît.

(d) La semaine dernière je suis allé dans un restaurant italien avec ma famille. Nous avons pris une pizza délicieuse et j'ai bu du coca, mais mes parents ont commandé une bouteille de vin rouge car nous avons fêté l'anniversaire de ma mère.

(e) Je voudrais bien aller dans un restaurant indien qui se trouve assez près de chez moi, car mes amis disent qu'on y sert des plats vraiment savoureux.

43. Buying gifts

Listening

1 (a) gloves (b) earrings (c) sweets

Speaking

2 Teacher transcript and sample answers:

 Listen to the recording

T: Bonjour. Je peux vous aider?
S1: Bonjour madame. Je voudrais acheter un cadeau.
T: Bien. Qu'est-ce que vous voulez?
S2: Je voudrais acheter un sac à main.
T: Voilà. C'est pour qui?
S3: C'est pour ma mère.
T: Ah oui, c'est pour une occasion spéciale?
S4: C'est pour son anniversaire.
T: Quelle bonne idée! Avez-vous une question?
S5: C'est combien, ça?
T: Ça fait 50 euros.

44. Opinions about food

Reading

1 (a) Patrick (b) Mara (c) Joshua (d) Ruby

Listening

2 A, C, D, F

45. Weather

Reading

1 (a) C (b) A (c) D

Listening

2 (a) Paris = cold
   (b) East = snowing
   (c) South = sunny
   (d) West = windy
   (e) North = raining

46. Tourism

Reading

1 (a) B (b) C (c) A (d) D

Writing

2 Sample answer:

Sur la photo on voit mes deux sœurs et moi. Nous mangeons des glaces devant un musée près de Montréal. J'adore les vacances car on peut visiter des monuments.

47. Describing a town

Writing

1 Sample answer:

J'habite dans une petite ville dans le sud de l'Angleterre. On peut y visiter la cathédrale. Il y a un centre commercial et un cinéma et on peut aussi aller au centre sportif. J'aime ma ville parce qu'elle est animée et que j'ai des copains ici. Cependant, un jour, je voudrais habiter en Espagne.

Reading

2 (a) not extraordinary
   (b) they had finished work / they were looking forward to an evening with family
   (c) mines closed / Dad unemployed
   (d) one day
   (e) he retired / he and Mum returned to the north
   (f) warm atmosphere

48. Countries

Listening

1 (a) Switzerland (b) Austria (c) Tunisia
   (d) China

Speaking

2 Sample answers:

  Listen to the recording

(a) J'ai déjà visité l'Espagne et la Belgique avec ma famille. Je les ai trouvées très différentes. J'ai passé une semaine au bord de la mer dans le sud de l'Espagne et il faisait très chaud, même trop chaud, mais je me suis bien amusé à bronzer et à nager dans la mer. Cependant, mes vacances en Belgique étaient plus culturelles puisque j'ai visité les monuments historiques, quelques musées et des champs de bataille de la Première et de la Deuxième Guerres mondiales.

(b) Je voudrais aller au Brésil car il y fait très chaud et j'ai envie de bronzer et de jouer au foot sur les plages célèbres de Rio. On dit que c'est un beau pays pittoresque et j'aimerais également regarder un match de foot dans un des stades de la région.

(c) Naturellement il y a des problèmes de transport, surtout si on voyage en avion, mais si on ne parle pas la langue, il sera peut-être difficile de communiquer avec les gens du pays. De plus, la cuisine peut être trop épicée ou trop différente, ce qui est un inconvénient si on tombe malade.

49. Places to visit

Writing

1 J'ai déjà voyagé à l'étranger mais j'aimerais vraiment visiter l'Australie parce que je n'y suis jamais allé. Mes parents voudraient aller au théâtre à Sydney et ma sœur aimerait aller sur les plages connues car elle aime faire des sports nautiques et se faire bronzer. J'adore la nature, alors ce serait super de voir des animaux sauvages et on m'a dit que c'est un beau pays.

Speaking

2 Teacher transcript and sample answers:

Listen to the recording

T: Bonjour. Je peux vous aider?
S1: Bonjour. Je voudrais faire une excursion à Rouen.
T: Ah bon. Quand voulez-vous y aller et pourquoi?
S2: Je voudrais y aller demain et visiter un musée car j'adore l'histoire.
T: Qu'est-ce que vous avez déjà visité à Paris?
S3: J'ai visité la tour Eiffel.
T: C'est intéressant, ça. Avez-vous une question?
S4: Vous pouvez me recommander un restaurant?
T: Ah oui, il y a un bon restaurant italien, rue Beauvoisine. Avez-vous une autre question?
S5: Il y a un tarif réduit pour les étudiants?
T: Non, je regrette.

50. Describing a region

Reading

1 C, D, E, G

Speaking

2 Sample answers:

Listen to the recording

(a) Sur la photo il y a un vieux bâtiment au milieu d'une rivière. C'est la nuit et il y a des cafés et des bars au bord de la rivière.

(b) Moi, j'aime aussi habiter en ville car c'est plus animé. On peut facilement faire les magasins et on peut aller au ciné ou au centre sportif aussi.

(c) À mon avis, la campagne est trop tranquille et il n'y a rien à faire, à part les promenades. On ne peut pas sortir le soir.

(d) Je voudrais habiter en Espagne dans une maison énorme au bord de la mer avec une piscine en plein air, donc je pourrais nager tous les jours.

(e) Oui, je suis allé à Paris avec un groupe de mes copains du collège et j'ai aussi visité Rouen avec ma famille. Je me suis très bien amusé car la France me plaît bien.

School

51. Subjects

Reading

1 (a) G (b) B (c) I (d) H

Listening

2 A, D, F, G

52. School life

Writing

1 (a) *J'aime mon collège.*

(b) Les bâtiments sont anciens.

(c) Il y a beaucoup de clubs.

(d) Ma matière préférée, c'est la musique car le prof est gentil.

(e) L'année dernière je suis allé en Espagne avec mon collège.

Speaking

2 Sample answers:

Listen to the recording

(a) Il y a cinq élèves qui travaillent dans une salle de classe. Je crois qu'ils sont en train de faire leurs devoirs.

(b) J'aime mon collège car les profs sont compréhensifs et travailleurs et j'ai beaucoup de bons copains ici.

(c) Je n'aime pas les maths car c'est une matière difficile et compliquée.

(d) J'étudie le français depuis quatre ans mais je trouve ça difficile.

(e) Je voudrais continuer mes études parce que j'aimerais avoir le bac.

53. School day

Speaking

1 Sample answers:

Listen to the recording

(a) Après avoir préparé mes affaires, je vais au collège en car. Une fois arrivé(e) je vais directement à la salle de classe où on a l'appel. Le matin il y a quatre cours et chaque cours dure une heure. À dix heures et demie on a une récré de vingt minutes, ce qui me plaît car je peux bavarder avec mes amis ou jouer au foot s'il fait beau. Les cours se terminent à midi et demi.

(b) Naturellement je prends le déjeuner à l'école, normalement un sandwich, des chips et un jus de fruits. Après avoir mangé, je fais du travail scolaire à la bibliothèque avant de parler avec mes copains ou d'aller au club d'échecs.

(c) Hier, c'était une journée fatigante car j'ai eu deux cours d'EPS avant la récré, et avant de déjeuner j'ai passé un examen blanc en maths, qui était difficile à mon avis. Après avoir mangé, je suis allé à l'entraînement de foot. Le dernier cours était sciences et nous avons eu une épreuve. Je suis enfin rentré chez moi vers quatre heures.

Reading

2 B, E, F, G

54. Comparing schools

Reading

1 B, D, E, G

Listening

2 B, C, E, G

55. Describing schools

Speaking

1 Teacher transcript and sample answers:

Listen to the recording

T: Salut. Les cours commencent à quelle heure?

S1: Les cours commencent à huit heures vingt.

T: Ah bon. Tu as fait beaucoup de devoirs hier?

S2: J'ai eu des devoirs de maths et d'anglais.

T: D'accord. Il y a quels clubs à ton collège?

S3: Il y a un club de musique et un club de théâtre.

T: C'est bon, ça. As-tu une question?

S4: Quelle est ta matière préférée?

T: Moi, je préfère les maths car c'est intéressant. As-tu une autre question?

S5: Tu pratiques quels sports à ton collège?

T: On peut faire toute une gamme de sports mais moi, j'aime bien le badminton.

Writing

2 Mon copain, Marc, va à un grand collège mixte dans le nord de la France. Il aime beaucoup le collège mais il trouve l'anglais très difficile. L'année dernière, je suis allé à son collège et c'était assez intéressant. Les cours commencent plus tôt qu'en Angleterre et les élèves ne portent pas d'uniforme scolaire. L'année prochaine, Marc va visiter mon école.

56. School rules

Writing

1 Sample answer:

Le règlement dans mon école est assez strict. Naturellement il faut respecter les professeurs et être à l'heure et ça, c'est juste, mais je déteste porter l'uniforme scolaire qui est composé d'un blazer bleu, d'une chemise blanche et d'un pantalon noir. Hier une copine n'a pas mis sa cravate et elle a été punie. Je trouve ça ridicule.

Il ne faut pas porter de bijoux et je trouve ça injuste, alors je changerais cette règle parce que je voudrais pouvoir porter des boucles d'oreilles et une bague.

Listening

2 (a) C (b) D (c) A

57. Problems and pressures

Reading

1 (a) faire ses devoirs / réviser pour les contrôles

(b) discuter de ce qu'elle a appris avec ses parents

(c) passer un examen de violoncelle

(d) rien / jouer avec son chat / inviter ses copines

(e) une prof de chimie

(f) vérifient que les profs travaillent / on travaille / tout le monde travaille beaucoup / comparent les résultats des élèves de différentes écoles

Writing

2 Sample answer:

Au collège tout le monde est stressé car les examens approchent. Moi, je suis stressé(e) car j'ai vraiment peur de rater mes examens, pourtant je travaille dur depuis deux mois. Je me fâche facilement avec mes copains et mes parents et je suis très triste. Je sais que j'ai beaucoup révisé, mais je ne peux pas me relaxer. Après avoir passé mes examens je vais regarder beaucoup de télé, écouter de la musique et sortir avec mes amis.

58. Primary school

Reading

1 (a) C (b) E (c) A (d) B (e) F

Listening

2 (a) B (b) C (c) B (d) C (e) A

59. Success in school

Reading

1 (a) Régine (b) Mamadou (c) Ibrahim (d) Sophie
(e) Régine (f) Sophie

Speaking

2 Sample answers:

Listen to the recording

(a) Je vais au club de théâtre car j'aime l'art dramatique, et je suis membre de l'orchestre scolaire.

(b) Je joue au foot en hiver et au tennis en été, mais je préfère jouer au rugby et je m'entraîne au collège deux fois par semaine.

(c) J'ai fait des progrès en maths et en sciences et j'ai joué au rugby pour l'équipe de mon école.

60. School trips

Writing

1 Sample answer:

L'année dernière, mon collège a décidé d'organiser une excursion à Londres et comme c'était une visite au théâtre et que je m'intéresse beaucoup à l'art dramatique, j'y ai participé. En général j'aime les voyages scolaires car ils sont stimulants et normalement mes copains sont là, alors on s'amuse bien ensemble.

Cette fois, on a vu une pièce comique dans un vieux théâtre célèbre et c'était vraiment intéressant et marrant. Après avoir quitté le théâtre, j'ai pu passer une heure au centre de Londres et j'ai acheté quelques petits souvenirs pour ma famille, ce qui m'a beaucoup plu, avant de rentrer en car.

L'année prochaine, on va organiser une excursion à Stratford pour voir une pièce de Shakespeare et j'aimerais bien y aller parce que je n'y suis jamais allé(e) et que je voudrais voir des sites historiques là-bas.

Reading

2 I like school trips. They are often interesting and fun because my friends are with me. I don't like coach journeys abroad because they are too long and I get a bit bored. Last year I went to Spain with my history class. It was great because I could practise my Spanish.

61. School activities

Writing

1 (a) J'aime mon école.
(b) Il y a beaucoup de clubs.
(c) Le mercredi, je participe au club d'art dramatique.
(d) La semaine dernière, j'ai joué pour l'équipe de football du collège.
(e) On va organiser une pièce scolaire l'année prochaine.

Listening

2 (a) B (b) D (c) B

62. Exchanges

Speaking

1 Teacher transcript and sample answers:

Listen to the recording

T: C'est quoi, comme excursion?
S1: C'est un voyage à Paris et le billet coûte cent euros.
T: On voyage comment et à quelle heure?
S2: On voyage en car et on part à huit heures.
T: Pourquoi est-ce que tu veux faire cette visite?
S3: Je voudrais voir la tour Eiffel.
T: Le voyage dure combien de temps?
S4: Le voyage dure deux heures.
T: D'accord. As-tu une question?
S5: Que penses-tu des échanges?
T: J'aime bien les échanges.

Listening

2 (a) none (b) coach trip (c) bowling/meal
(d) have a dictionary with her

Future aspirations, study and work

63. Future plans

Reading

1 (a) Amélie (B) Antonin (c) Dany (d) Laetitia

Writing

2 Sample answer:

On dit que je suis assez travailleur et responsable mais que je suis un peu timide de temps en temps. J'ai déjà travaillé dans un petit magasin de mon quartier où je servais les clients et mon patron était très content de moi. Pour moi, avoir de l'ambition est important parce que je voudrais réussir dans la vie. J'aimerais aller à l'université afin de trouver un emploi satisfaisant et bien payé, mais, à mon avis, ce qui importe, c'est le bonheur.

64. Languages beyond the classroom

Speaking

1 Teacher transcript and sample answers:

Listen to the recording

T: C'est quand le film et où?
S1: C'est ce soir à huit heures au cinéma en ville.
T: Qu'est-ce qu'il y a d'autre à faire dans ta ville?
S2: Il y a un stade de foot et on peut aussi aller au théâtre.
T: Bon. Parle-moi du dernier film que tu as vu.
S3: J'ai vu le dernier James Bond et c'était passionnant.
T: C'est intéressant, ça. As-tu une question?
S4: Que penses-tu des films anglais?
T: J'aime bien les films anglais. As-tu une autre question?
S5: Quelle sorte de musique préfères-tu?
T: Moi, je préfère la musique rap.

Reading

2 (a) Elle parle presque sans accent / elle se présente facilement dans les médias français / elle se double elle-même dans les versions françaises de ses propres films.
(b) Ses parents voulaient qu'elle s'immerge dans la culture francophone.
(c) Elle a eu son bac.
(d) Elle hésite un peu (au téléphone) / elle se trompe de genre.
(e) Parler le français a changé sa vie / elle dit que celle qui sait parler deux langues vaut deux femmes.

65. Relationships in the future

Speaking

1 Sample answers:

Listen to the recording

(a) À l'avenir je voudrais me marier car je pense que le mariage est important pour montrer son amour. Si je rencontre un partenaire avec qui je m'entends bien, ma vie sera heureuse. Pourtant, je voudrais trouver un bon emploi avant de me marier.

(b) J'aime bien les enfants mais je ne sais pas si je voudrais avoir mes propres enfants immédiatement parce que j'aimerais avoir assez d'argent avant de commencer à fonder une famille.

(c) Je pense que je suis sociable, alors je crois qu'il ne sera pas difficile de me faire de nouveaux amis à l'avenir quand je quitterai l'école. J'espère aller à l'université et il y aura plein de gens avec qui je pourrai m'entendre.

Listening

2 (a) funny (b) rich (c) reliable

66. Travel

Writing

1 On dit que j'aime beaucoup voyager. J'ai déjà visité plusieurs pays en Europe et l'été prochain je vais passer un mois au Canada avec ma famille. Mon rêve serait d'aller aux États-Unis car je m'intéresse à l'histoire américaine. Si j'économise assez d'argent, je voudrais / j'aimerais loger dans un hôtel cinq étoiles à New York.

Listening

2 (a) B (b) B (c) B

67. Jobs

Speaking

1 Sample answers:

(a) Il y a un homme d'affaires qui travaille sur un ordinateur portable dans un bureau. Une femme lui parle. Je pense qu'ils sont contents de travailler car ils sourient. Je crois qu'ils travaillent à l'étage le plus élevé parce qu'on ne peut pas voir d'autres bâtiments de la fenêtre.

(b) Moi, je crois qu'il est très important de ne pas travailler le week-end, sauf si on travaille pour des services d'urgences naturellement, parce qu'il faut se détendre un peu.

(c) Je viens de trouver un petit job dans un restaurant et hier j'ai dû nettoyer la cuisine, ce qui était vraiment difficile car il y avait des ordures partout. Ce n'était pas du tout agréable.

(d) Je vais faire un stage afin de découvrir quel métier je voudrais faire à l'avenir. Je vais aussi parler à des personnes qui ont plusieurs emplois différents et discuter avec mes parents et mes professeurs.

(e) Je ne suis pas d'accord. Je pense qu'il est important d'aller à l'université. En effet, avec une licence en poche, on pourra trouver un meilleur emploi et être bien payé.

Listening

2 (a) an architect (b) an engineer (c) a taxi driver (d) a factory worker (e) a cook

68. Part-time jobs

Writing

1 Sample answer:

Je suis sur la photo. Je travaille dans un petit café en ville. J'aime avoir un petit job pour gagner de l'argent supplémentaire, alors je peux acheter des vêtements et payer mon forfait portable.

Reading

2 B, D, E, H, I

69. Opinions about jobs

Listening

1 B, C, D

Reading

2 (a) Samuel (b) Alain (c) Jasmine (d) Paulette

70. Workplaces

Listening

1 (a) chemist's shop (b) hairdresser's salon
(c) town hall

Reading

2 My sister works in a clothes shop in town. She serves the customers and makes coffee for her colleagues. She doesn't like her job because it's quite boring and she does not get on well with her boss. Yesterday she had to clean the shop at the end of the day. In the future she is going to look for a job in a sports centre.

71. Applying for jobs

Listening

1 A, E, F, G

Reading

2 (a) C (b) B (c) A (d) D

72. Future study

Speaking

1 Sample answers:

(a) Sur la photo il y a un groupe d'étudiants qui viennent de recevoir leur licence à l'université. Ils sont tous très contents.

(b) Moi, je pense qu'il est important d'aller à l'université, surtout si on veut trouver un emploi bien payé.

(c) Le mois dernier j'ai préparé un projet sur l'environnement. C'était intéressant parce que j'ai fait un sondage en ville.

(d) Moi, je ne voudrais pas étudier à l'étranger parce que j'ai beaucoup d'amis en Angleterre, alors j'aimerais aller à l'université ici.

(e) Pour ceux qui voudraient apprendre un métier spécialisé, c'est très important.

Reading

2 I don't know if I'm going to go to university. My parents went and they have good jobs, but I'm not as hard working as they are. I'd like to become a lawyer, that's true, and my teachers insist that I am clever enough; however, I don't think that I would be able to bear the stress. I'm going to take a gap year and travel a lot, but I shall have to decide soon what I'd like to do in life.

73. Volunteering

Writing

1 Sample answer:

Madame, Monsieur,

J'ai vu votre annonce dans un magazine que je lisais la semaine dernière et j'aimerais poser ma candidature pour un des postes dans le collège au Cameroun. Comme je voudrais devenir professeur plus tard, j'aimerais faire un stage et travailler avec des jeunes à l'étranger. Naturellement je parle bien le français mais ma langue maternelle est l'anglais, alors je pourrais aider les élèves à améliorer leurs compétences en anglais.

J'ai déjà fait du travail bénévole dans ma région où j'ai aidé des personnes âgées. J'ai promené des chiens, j'ai fait les courses et j'ai travaillé dans des jardins. Je sais que travailler en Afrique va élargir mes horizons et je rêve de pouvoir découvrir un nouveau pays. Je suis prêt à travailler dur.

Je pense que tous les jeunes devraient essayer de faire quelque chose pour aider les autres à développer leurs connaissances.

Listening

2 (a) a TV programme about poverty
(b) build a clinic / to help the local people who fall ill
(c) construction skills
(d) a citizen of the world / proud

74. Helping others

Speaking

1 Sample answers:

(a) J'écoute les problèmes de tous mes copains et je leur donne des conseils prudents. Par exemple, hier, j'ai dit à ma copine Amanda qu'elle devrait se concentrer sur ses études au lieu de sortir tous les soirs.

(b) Le week-end dernier, j'ai aidé mon petit frère avec ses devoirs de maths et il était très content. Samedi, j'ai lavé la voiture de mon père et il était étonné quand j'ai refusé d'accepter de l'argent! Demain, je vais nettoyer la cuisine et travailler dans le jardin, s'il fait beau.

(c) Aider les autres m'intéresse beaucoup parce que je pense que c'est juste. Si j'ai un don particulier, je peux aider mes amis ou ma famille, mais si j'ai besoin d'aide, ils m'aideront aussi.

Writing

2 Sample answer:

Sur la photo il y a trois jeunes qui sont en train de ramasser des papiers et des bouteilles vides dans un parc. Une fille met une bouteille dans un sac en plastique noir. J'aime être bénévole.

75. Charities

Reading

1 (a) il y a six mois

(b) pour contrer la société individualiste / montrer que les humains sont plus forts quand ils s'unissent

(c) il a perdu un proche à cause de cette maladie

(d) il téléphone aux gens pour demander de l'argent

(e) *either:* il fait une différence, *or:* la recherche apporte quelque chose / aide les autres

Listening

2 B, E, F

76. Training

Listening

1 (a) cars (b) no problem (c) local (d) school work

Speaking

1 Sample answers:

Listen to the recording

(a) Les avantages des apprentissages sont nombreux. Par exemple, on peut gagner de l'expérience et en plus on reçoit un petit salaire. De plus, on peut améliorer ses compétences et ses capacités. Par contre, la formation peut être longue et si on trouve un emploi tout de suite après avoir quitté le collège, on aura peut-être un meilleur salaire.

(b) Non, je n'aimerais pas être professeur car les heures sont longues. Les élèves sont souvent paresseux et ils se comportent mal. Bien sûr les professeurs ont de longues vacances et le salaire est assez bon, mais il faut encore travailler trop le soir et le week-end.

(c) Mon emploi idéal serait comme ingénieur car j'aime bien résoudre les problèmes et je suis fort en technologie et en science.

77. Future professions

Reading

1 B, E, F, H

Listening

2 A, C, D

International and global dimension

78. Sporting events

Speaking

1 Sample answers:

Listen to the recording

(a) Sur la photo il y a des cyclistes professionnels qui participent au Tour de France. Les cyclistes sont très proches l'un de l'autre et ça peut être dangereux si un cycliste tombe par exemple. Je crois que je peux voir Chris Froome à l'arrière-plan.

(b) Oui, aller à un événement sportif, c'est passionnant mais c'est cher aussi. Par exemple, j'ai payé presque trente livres pour regarder un match de foot au stade de Manchester City.

(c) Le week-end dernier, je suis allé au stade de rugby de Gloucester où j'ai regardé un match contre le Stade Français. Heureusement, Gloucester a gagné et j'étais content.

(d) Les Jeux Olympiques auront lieu cet été et je les attends avec impatience car j'adore tous les sports, surtout la natation et l'athlétisme.

(e) Je ne suis pas d'accord. À mon avis, il est plus important de participer même si on n'est pas fort en sport parce qu'il faut s'amuser quand on fait du sport.

Writing

2 (a) J'aime tous les sports.

(b) Je regarde un match de rugby le samedi.

(c) Les événements sportifs sont populaires.

(d) Je voudrais aller aux Jeux Olympiques.

(e) Mon frère est allé à un match de foot hier.

79. Music events

Reading

1 (a) spring

(b) all sorts / many different

(c) they are full of people

(d) free

(e) stages in about 20 bars in town

Listening

2 B, E, F

80. Being green

Reading

1 (a) Yannick   (d) Yannick

(b) Thomas   (e) Denis

(c) Denis   (f) Thomas

Listening

2 B, C, E

81. Protecting the environment

Reading

1 We are in the process of destroying the planet. Lots of animals are threatened by humans' actions and we must protect the Earth. The sea level has been rising for several years because of global warming and climate change. Pollution has increased health risks and we must act in order to resolve this serious problem.

Speaking

2 Sample answers:

Listen to the recording

(a) À mon avis, le problème le plus grave, c'est l'effet de serre qui provoque le réchauffement de la Terre. Naturellement, il y a trop de pollution aussi, mais je crois que ce n'est pas si grave.

(b) J'ai recyclé presque tout, y compris le verre et le papier. Le week-end dernier, je suis allé au centre de recyclage avec mes parents et on a recyclé le métal et le carton.

(c) On pourrait interdire aux voitures et aux poids lourds de rouler en centre-ville car ils causent beaucoup de pollution. De plus, on devrait encourager les gens à prendre les transports en commun afin d'économiser l'énergie.

82. Environmental issues

Speaking

1 Sample answers:

Listen to the recording

(a) On est à la campagne. Il y a un fermier qui regarde sa ferme. Il fait beau et chaud. Je pense qu'il n'a pas plu depuis longtemps et que les champs ne sont pas verts à cause de la sécheresse.

(b) Je ne suis pas d'accord. Il y a un manque d'eau dans certains pays du monde, par exemple en Afrique où il ne pleut pas beaucoup.

(c) J'ai baissé le chauffage central chez nous. J'ai aussi dit à mes parents d'éteindre la lumière quand ils quittent une pièce car je crois qu'il faut économiser plus d'énergie.

(d) À mon avis, la plus grande menace, c'est le changement climatique qui provoquera plein d'inondations. Comme le niveau de la mer montera, beaucoup d'îles seront en danger de disparition.

(e) Je suis d'accord. Il faut aider les organisations caritatives qui essaient de résoudre les problèmes de l'environnement, comme Greenpeace. À l'avenir, je vais leur donner de l'argent.

Listening

2   B, C, E, G

83. Natural resources

Listening

1   (a) cotton
    (b) deforestation / animal species disappearing
    (c) more pesticides used
    (d) find land for more vegetables to be grown

Reading

2   B, D, E

84. World problems

Listening

1   (a) earthquake
    (b) strong winds
    (c) thousands of inhabitants have had to leave their homes / they could not take their belongings / rain still falling
    (any 2 from 3)
    (d) fire / danger to animals

Reading

2   In the world, there are lots of homeless people. You must give money to the organisations which help them. I think that there is too much unemployment, especially in Europe, and governments should do something. I don't like to see the destruction of the natural habitats of wild animals. I visited Australia last month and I think there are lots of animals who are living there with no problems.

Grammar

85. Articles 1

A   1   les commerces   2   la pharmacie
    3   les toilettes   4   l'hôtel
    5   les cinémas   6   le bowling
    7   la gare   8   le parking
    9   les rues   10   l'appartement
B   1   la chienne   2   les serpents
    3   l'araignée   4   le chat
    5   la tortue   6   l'éléphant
    7   les poissons   8   le canard
    9   la mouche   10   les cochons d'Inde
   11   la grenouille   12   le singe
C   1   un salon   2   une salle de bains
    3   un jardin   4   une chambre
    5   un sous-sol   6   une cuisine
    7   une salle à manger

D

le chien – les chiens; *un château* – *des châteaux*; l'animal – *les animaux*; *une voiture* – des voitures

le nez – *les nez*; le bateau – *les bateaux*; un hôtel – *des hôtels*; l'arbre – les arbres;

une page – des pages; *l'eau* – les eaux; une araignée – *des araignées*; *la destination* – les destinations

86. Articles 2

A   1   des œufs   2   de la confiture
    3   du pain   4   des haricots verts
    5   de l'eau minérale   6   du jambon
    7   des frites   8   de la crème
    9   de l'huile   10   du riz
B   Tu veux des pâtes, des abricots, du fromage, du chocolat, des olives, du porc, des pommes de terre, du ketchup, de l'ananas, du potage, des œufs, du sel et du poivre?
C   1   Je n'ai pas d'eau minérale. I don't have any mineral water.
    2   Je n'ai pas de pain. I don't have any bread.
    3   Je n'ai pas de céréales. I don't have any cereal.
    4   Je n'ai pas de pizza. I don't have any pizza.
D   Tu as des fruits et des légumes? Oui, j'ai des fruits mais je n'ai pas de légumes. Par exemple, j'ai des pêches et des cerises mais je n'ai pas de carottes ni de pommes de terre. Cependant, j'ai du pain et du Nutella®, donc on peut manger des sandwichs.
E   1   à la patinoire   2   à la crêperie
    3   au théâtre   4   à l'hôtel de ville
    5   aux magasins   6   au café-tabac
F   1   au salon   2   à la cuisine
    3   à la salle de bains   4   aux chambres
    5   à la salle de jeux   6   au jardin
    7   à l'atelier   8   au grenier
    9   à la cave   10   à l'entrée
   11   au garage   12   à la salle à manger

87. Adjectives

A   1   Ma mère est petite.   2   Mon père est grand.
    3   Ma maison est belle.   4   Mon chat est noir.
    5   Elle est heureuse.   6   Les fenêtres sont chères.
B   1   Mon chien est gros.   2   Mes crayons sont blancs.
    3   Ma mère est intelligente.   4   Mes frères sont timides.
    5   Mes sœurs sont tristes.   6   Ma chatte est très mignonne.

C

grand	grande	**grands**	grandes	big/tall
petit	petite	**petits**	**petites**	**small**
noir	**noire**	noirs	**noires**	**black**
neuf	neuve	**neufs**	neuves	**new**
dernier	**dernière**	derniers	**dernières**	last
marron	**marron**	marron	**marron**	(chestnut) brown
triste	**triste**	tristes	**tristes**	sad
sérieux	**sérieuse**	sérieux	**sérieuses**	serious
gentil	gentille	**gentils**	gentilles	kind
sec	sèche	secs	**sèches**	**dry**
drôle	**drôle**	drôles	**drôles**	funny
vieux	vieille	**vieux**	vieilles	old
beau	belle	beaux	**belles**	**beautiful**
ancien	**ancienne**	anciens	**anciennes**	ancient
blanc	**blanche**	blancs	**blanches**	white
sportif	sportive	**sportifs**	sportives	**sporty**

D   1   Elle a de beaux yeux bleus.
    2   Les meilleures fleurs jaunes
    3   Mes vieilles baskets blanches
    4   Mes pauvres parents malades

88. Possessives

A   (1) Dans ma famille, il y a mon père, ma mère, ma sœur et mes deux frères. Ma grand-mère vient souvent nous rendre visite avec mon grand-père. Mon amie adore mes grands-parents et elle vient jouer avec toutes mes affaires quand ils sont là.

   (2) Dans sa chambre, elle a son lit, ses livres, son bureau, sa télévision, ses bijoux, son téléphone et son nounours.

   (3) Dans notre collège, nous avons nos professeurs, notre bibliothèque, notre cantine et notre terrain de sport. Et vous, qu'est-ce que vous avez dans votre collège et dans vos salles de classe? Vous avez vos tableaux blancs interactifs et votre gymnase?

   (4) (a) Comment s'appellent ton père et ta mère?
       (b) Qu'est-ce que tu achètes avec ton argent?
       (c) C'est quand ton anniversaire?
       (d) Qu'est-ce qu'il y a dans ta ville ou ton village?

   (5) Dans leur ville, ils ont leur mairie, leurs cinémas, leur pharmacie, leur boulangerie, leurs cafés, leurs parcs, leur hôpital, leur école et tous leurs petits commerces.

B *Examples from the table:* Mon fromage est très timide; Nos copines ne sont pas très honnêtes; Leurs photos sont assez jaunes; Vos gâteaux sont très romantiques!

C 1 Les pulls? Ce sont les miens!
    2 Les jupes? Ce sont les miennes!
    3 Le jogging? C'est le mien!

89. Comparisons

A Lydie est la plus intelligente. Paul est le moins intelligent.

B *Other examples:* Anna est pire qu'Antoine en français. Anna est la meilleure en dessin.

C 1 Philippe est aussi grand que Sara. = Philippe is as tall as Sara.
    2 Les maths sont plus difficiles que la musique. = Maths is more difficult than music.
    3 Les bonbons sont moins sains que les fruits. = Sweets are not as healthy as fruit.
    4 Une cravate est moins confortable qu'un jogging. = A tie is less comfortable than a tracksuit.
    5 La chimie est aussi intéressante que l'anglais. = Chemistry is as interesting as English.

D 1 Les kiwis sont les fruits les plus sains.
    2 L'hiver est la saison la plus froide.
    3 Londres est la plus grande ville d'Angleterre.
    4 Où sont les garçons les moins actifs?
    5 Je prends les vêtements les moins longs.
    6 J'habite dans la région la moins industrielle.

90. Other adjectives and pronouns

A 1 ce pantalon   2 cet imperméable
    3 cette robe   4 ces baskets
    5 cet anorak   6 ces sandales
    7 ces chaussettes   8 cette jupe

B 1 Je préfère celui à gauche.   2 Je préfère ceux à gauche.
    3 Je préfère celle à gauche.   4 Je préfère celles à gauche.

C 1 Quel stylo préfères-tu? Celui-ci ou celui-là?
    2 Quelle station balnéaire préfères-tu? Celle-ci ou celle-là?
    3 Quelles ceintures préfères-tu? Celles-ci ou celles-là?
    4 Quels hôtels préfères-tu? Ceux-ci ou ceux-là?

D 1 Lequel?   2 Laquelle?
    3 Lesquelles?   4 Lesquels?

E 1 Quelle cuisine préfères-tu? Celle-ci ou celle-là? Laquelle?
    2 Quelles cravates préfères-tu? Celles-ci ou celles-là? Lesquelles?
    3 Quel jardin préfères-tu? Celui-ci ou celui-là? Lequel?
    4 Quels gants préfères-tu? Ceux-ci ou ceux-là? Lesquels?

91. Adverbs

A 1 doucement   2 naturellement
    3 absolument   4 généralement
    5 attentivement   6 vraiment
    7 lentement   8 gentiment

B Le matin, d'abord, je me lève à sept heures, puis d'habitude je prends mon petit déjeuner. Ensuite, je quitte la maison et finalement j'arrive au collège à huit heures et demie. Mais c'est souvent trop tôt. Alors à l'avenir je vais rester au lit plus longtemps.

In the morning, first of all I get up at 7 o'clock then usually I have my breakfast. Then I leave the house and finally I arrive at school at half past eight. But it is often too early. So, in future I am going to stay in bed longer.

C Souvent mes grands-parents viennent avec nous, et d'abord c'est vraiment pratique car ils font régulièrement du baby-sitting. Cependant, de temps en temps, ils se sentent vraiment fatigués et ils ne sont pas toujours à l'aise. Par conséquent ils ne viendront pas l'année prochaine. À l'avenir, ils viendront seulement s'ils sont absolument en forme!

D 1 D'habitude il fait la vaisselle tout de suite.
    2 De temps en temps elle parle doucement.
    3 Ma valise? Naturellement j'avais laissé mes vêtements dedans.

92. Object pronouns

A 1 We see you.   2 Do you know him?
    3 I want to see her.   4 You meet us.
    5 She will forget you.   6 I will lose them.

B 1 I am passing my sweets to you.
    2 Do not tell him/her the truth.
    3 We will give him/her a mobile phone.
    4 He is going to send us a present.
    5 You will tell them the story.

C 1 Vous comprenez le professeur? Nous le comprenons souvent.
    2 Elle aime les sports nautiques? Elle ne les aime pas du tout.
    3 Tu vas vendre ton vélo? Oui, je vais le vendre demain.
    4 Il veut acheter la maison? Non, il ne veut pas l'acheter.

D 1 Il les cherche.
    2 Nous lui envoyons un cadeau.
    3 Il leur a donné des bonbons.
    4 Tu leur as téléphoné?
    5 Elle la dit toujours.

E 1 Elle nous les a offerts.
    2 Ne les lui vends pas!
    3 Je vais te/vous le passer.
    4 Il te/vous les a donnés samedi.

93. More pronouns: *y* and *en*

A 1 Il va y habiter.
    2 Elle y a vu ses amis.
    3 Vous y jouez?
    4 J'y suis arrivé avant les autres.
    5 Tu y es allée ce matin?

B 1 J'en fais beaucoup.
    2 Elle n'en fait pas.
    3 Non, j'en ai trois.
    4 Ils en mangent tous les samedis.
    5 Il y en a plusieurs.

C 1 J'y vais de temps en temps.
    2 ... et j'en mange beaucoup.
    3 … je n'en mange jamais …
    4 … j'y suis allé …
    5 … tu veux y aller …?
    6 … mon frère n'en mange pas …

94. Other pronouns

A 1 Le repas que j'ai pris était excellent.
    2 C'est Claude qui est le plus beau.
    3 Ce sont mes parents qui adorent la viande.
    4 Voilà le chapeau qu'il a perdu.
    5 Où sont les robes qui sont déchirées?
    6 L'église que j'ai visitée était vieille.
    7 L'homme qui monte dans le train est petit.
    8 Ma copine qui s'appelle Mathilde a seize ans.
    9 Quel est le film que tu veux voir?

B 1 The life which you are dreaming about does not exist.
    2 The papers which I need are in the drawer.
    3 I do not know the illness from which you are suffering.
    4 This boy who I was talking to you about has left the school.

C 1 Le repas que nous avons mangé était excellent. = The meal which we ate was excellent.

2 Le stylo dont vous avez besoin est cassé. = The pen that you need is broken.

3 Des bonbons? J'en ai mangé beaucoup. = Sweets? I have eaten lots of them.

4 Le café où je vais le samedi est fermé. = The café where I go on Saturdays is closed.

5 Le cinéma Gaumont? J'y suis allée pour voir 'Les Minions'. = The Gaumont cinema? I went there to see 'Les Minions'.

95. Present tense: -er verbs

A aimer: j'aime, nous aimons, ils aiment
jouer: je joue, nous jouons, ils jouent
habiter: j'habite, nous habitons, ils habitent
regarder: je regarde, nous regardons, ils regardent
donner: je donne, nous donnons, ils donnent
inviter: j'invite, nous invitons, ils invitent
marcher: je marche, nous marchons, ils marchent
trouver: je trouve, nous trouvons, ils trouvent
voler: je vole, nous volons, ils volent
garder: je garde, nous gardons, ils gardent

B 1 vous gardez   2 elle invite
3 tu habites   4 nous trouvons
5 il regarde   6 vous marchez
7 tu donnes   8 elle vole
9 il joue   10 ils/elles regardent

C *-ger* verbs:
1 ils rangent   2 nous plongeons
3 nous nageons   4 je mange
-yer verbs:
5 tu envoies   6 vous payez
7 j'essaie   8 nous nettoyons
-ler / -ter verbs:
1 je m'appelle   2 ils jettent
3 nous nous rappelons   4 elle projette
acheter-type verbs:
5 tu achètes   6 elles préfèrent
7 vous vous levez   8 il gèle

D 1 Ils habitent en France? Do they live in France?
2 Marie range sa chambre? Does Marie tidy her room?
3 Vous préférez les sciences? Do you prefer science?
4 Les sœurs jettent les fruits? Do the sisters throw out the fruit?
5 Mon copain et moi achetons des frites? Are my friend and I buying chips?

96. Present tense: -ir and -re verbs

A choisir = to choose
ralentir = to slow down
réfléchir = to reflect / think about
rougir = to blush
finir = to finish
atterrir = to land
punir = to punish
avertir = to warn

B

	dormir	sortir
je	dors	sors
tu	dors	sors
il/elle	dort	sort
nous	dormons	sortons
vous	dormez	sortez
ils/elles	dorment	sortent

C 1 L'ami choisit un cadeau.
2 Vous courez aux magasins.
3 Nous finissons nos devoirs.
4 Je remplis le verre de vin.

D

	vendre	prendre	dire
je	vends	prends	dis
tu	vends	prends	dis
il/elle	vend	prend	dit
nous	vendons	prenons	disons
vous	vendez	prenez	dites
ils/elles	vendent	prennent	disent

E 1 nous vendons   2 ils répondent
3 je descends   4 tu prends
5 vous buvez   6 elle lit
7 j'écris   8 il comprend

97. *Avoir* and *être*

A 1 Elle a un hamster.
2 J'ai les cheveux blonds.
3 Ils ont une grande maison.
4 Il a onze ans.
5 Nous avons un petit gymnase.
6 Vous avez un beau chien.
7 Ma sœur a une jupe rouge.
8 Les filles ont un piercing.
9 Tu as deux guitares.
10 Vous avez une nouvelle maison.

B 1 Ils/Elles ont un chien et trois hamsters.
2 Tu as une sœur?
3 Elle a les cheveux noirs.
4 Nous avons une grande cuisine.
5 J'ai trois enfants.
6 J'ai seize ans.
7 Il a une voiture.

C 1 Je suis français.
2 Nous sommes paresseux.
3 Ma tante est assez petite.
4 Vous êtes sportif mais timide.
5 Mes yeux sont bleus.
6 Tu es célibataire?
7 Les chiens sont mignons.
8 Je suis au chômage.
9 Nous sommes mariés.
10 Il est paresseux.

98. Reflexive verbs

A Je me lève / Tu te laves / Il se brosse les dents / Je m'habille et après je prends mon petit déjeuner

B Mes parents se réveillent tôt le matin. Je m'appelle Lydie. Le matin, je me réveille à 7 heures et demie mais je ne me lève pas tout de suite. Normalement ma sœur se lève à 8 heures. Nous nous lavons dans la salle de bains et nous nous habillons vite. Après le petit déjeuner, nous nous dépêchons pour prendre le bus. Nous arrivons au collège, nous nous approchons de nos amis et nous sommes très contentes. Vous vous amusez bien dans votre collège?

C 2, 1, 4, 3

D 1 je me repose   je me suis reposé(e)
2 elle se douche   elle s'est douchée
3 nous nous amusons   nous nous sommes amusé(e)s
4 elles s'étonnent   elles se sont étonnées
5 vous vous dépêchez   vous vous êtes dépêché(e)(s)

E 1 Dimanche, je me suis reposée.
2 Nous nous sommes dépêchés pour aller au match.
3 Ma sœur ne s'est pas douchée hier soir.
4 Mes deux frères se sont bien entendus en vacances.
5 Vous vous êtes couchés tôt samedi, mes amis?
6 Les garçons se sont disputés.

99. Other important verbs

A

	devoir	pouvoir	vouloir	savoir
je	dois	peux	veux	sais
tu	dois	peux	veux	sais
il/elle/on	doit	peut	veut	sait
nous	devons	pouvons	voulons	savons
vous	devez	pouvez	voulez	savez
ils/elles	doivent	peuvent	veulent	savent

B 1 Pouvez-vous aider mon père?
2 Sais-tu nager?
3 Mes parents veulent acheter une nouvelle maison.
4 On doit toujours s'arrêter au feu rouge.
5 Voulez-vous danser avec moi ce soir?
6 Elle sait déjà lire et écrire.

C 1 nous voulons trouver une chambre avec un balcon
2 tu peux louer un vélo
3 vous devez tout vérifier
4 ils savent faire la cuisine
5 elles peuvent faire un pique-nique
6 vous ne pouvez jamais comprendre les règles
7 je sais préparer le dîner

D *Examples:* On ne doit pas manger en classe. On ne veut pas répondre aux professeurs. On peut dormir en classe. On ne sait pas envoyer des textos.

100. The perfect tense 1

A *Examples:* J'ai vendu la maison. Elle a détesté le bateau. Nous avons fini les devoirs.

B 1 Mme Blanc a invité sa copine au match.
2 Vous avez terminé le repas?
3 Ils/Elles ont fumé une cigarette.
4 Il a beaucoup neigé ce matin.
5 Tu n'as pas mangé de légumes?
6 Nous avons choisi un bon restaurant.
7 Elle n'a pas rougi.
8 Ils ont atterri à l'aéroport d'Orly.
9 J'ai rendu visite à ma tante.
10 Nous n'avons pas entendu le bruit.

C 1 Nous n'avons pas perdu l'argent.
2 Ils/Elles n'ont pas lavé le bus.
3 Vous n'avez pas attendu les chiens.
4 Je n'ai pas fini le pain.
5 Elle n'a pas vendu le bateau.
6 Il n'a pas détesté les devoirs.

D 1 J'ai mis le pique-nique par terre.
2 Elle a écrit à son frère.
3 Tu n'as rien fait au collège?
4 Il n'a pas lu ma lettre.
5 Nous avons pu acheter une Renault.

E 1 J'ai compris la situation.
2 Il a promis de rentrer vite.
3 Tu as pris un taxi à la gare?
4 Qu'est-ce que tu as fait?

101. The perfect tense 2

A 1 Elle est tombée.
2 Mes copains sont arrivés trop tard.
3 Les chats sont montés sur le toit.
4 Marie n'est pas descendue vite.
5 Madame Lebrun est allée à la piscine.
6 Vous êtes retournés en France?
7 Je ne suis pas parti tôt.
8 Elles sont mortes l'année dernière.

B 1 Élise est arrivée à 11 heures.
2 Jim est mort il y a 20 ans.
3 Nous sommes entrés, tous les garçons, dans l'épicerie.
4 Marie n'est rentrée qu'à minuit.
5 Mes stylos ne sont pas tombés.
6 Il est sorti avec sa sœur jumelle.

C 1 elles sont montées très vite
2 je suis arrivé(e)
3 ils ne sont pas tombés
4 elle est morte

D je me suis lavé(e)   tu t'es lavé(e)
il s'est lavé   elle s'est lavée
nous nous sommes lavé(e)s
vous vous êtes lavé(e)(s)
ils se sont lavés   elles se sont lavées

E 1 Ils se sont couchés.
2 Elle s'est ennuyée.
3 Vous vous êtes disputé(e)s.
4 Je me suis endormi(e).

102. The imperfect tense

A 1 *jouer*   7 aller
je jouais   j'allais
nous jouions   nous allions
ils jouaient   ils allaient
2 *finir*   8 partir
je finissais   je partais
nous finissions   nous partions
ils finissaient   ils partaient
3 perdre   9 faire
je perdais   je faisais
nous perdions   nous faisions
ils perdaient   ils faisaient
4 avoir   10 lire
j'avais   je lisais
nous avions   nous lisions
ils avaient   ils lisaient
5 être   11 savoir
j'étais   je savais
nous étions   nous savions
ils étaient   ils savaient
6 boire   12 prendre
je buvais   je prenais
nous buvions   nous prenions
ils buvaient   ils prenaient

B 1 elle attendait   2 ils écrivaient
3 il dormait   4 je regardais
5 elles étaient polies

C 1 Je jouais avec mon petit frère sur la plage. = I used to play with my little brother on the beach.
2 Nous mangions ensemble très souvent. = We used to eat together very often.
3 Le serveur travaillait dur pour nous. = The waiter used to work hard for us.
4 On vendait beaucoup de glaces. = They used to sell lots of icecream.
5 Papa et Marc faisaient du ski nautique. = Papa and Marc used to water ski.
6 Tu étais très content. = You used to be happy.

D J'allais au collège quand j'ai vu l'accident. Il y avait beaucoup de monde. J'ai appelé «au secours!».

103. The future tense

A 1 Il va sortir ce soir. = He is going to go out this evening.
2 Nous allons vendre la maison. = We are going to sell the house.
3 Vous allez bientôt comprendre. = You are going to understand soon.
4 Tu vas partir en vacances. = You are going to go away on holiday.
5 Maman va voir un concert. = Mum is going to see a concert.
6 Les garçons vont arriver en retard. = The boys are going to arrive late.

B 1 Nous allons aller en ville demain.
2 Quand vas-tu partir?
3 Ils vont faire leurs devoirs.
4 Vous allez jouer au tennis?
5 Lydie va faire la cuisine.
6 Ses sœurs vont aider.

C
1. Il lavera sa nouvelle voiture.
2. Tu inviteras ta copine à manger.
3. Nous finirons nos devoirs.
4. Vous attendrez les nouvelles.
5. Elle rendra visite à sa tante.
6. Ils arriveront en France.
7. Elles bavarderont beaucoup.
8. Je choisirai une nouvelle robe.

D
1	ils devront	2	nous saurons
3	je ferai	4	elle sera
5	tu auras	6	elles viendront
7	il verra	8	tu iras

E
1	they will have to	2	we will know
3	I will do	4	she will be
5	you will have	6	they will come
7	he will see	8	you will go

104. The conditional tense

A

	-er verbs	-ir verbs	-re verbs
	jouer	choisir	vendre
je	jouerais	choisirais	vendrais
tu	jouerais	choisirais	vendrais
il/elle	jouerait	choisirait	vendrait
nous	jouerions	choisirions	vendrions
vous	joueriez	choisiriez	vendriez
ils/elles	joueraient	choisiraient	vendraient

B
1. Ma mère habiterait une belle maison. = My mother would live in a beautiful house.
2. Vous ne travailleriez plus. = You would no longer work.
3. Nous visiterions beaucoup de pays. = We would visit lots of countries.
4. Tu offrirais de l'argent aux autres. = You would give money to others.
5. Ils mettraient de l'argent à la banque. = They would put some money in the bank.
6. Je vendrais ma vieille voiture. = I would sell my old car.

C
1. Je serais très riche.
2. Vous verriez le monde entier.
3. Ils auraient beaucoup d'amis.
4. Elle voudrait épouser son fiancé.

105. The pluperfect tense

A
1. You had already finished your lunch.
2. We had heard the news.
3. They had promised to return before midnight.
4. You had already drunk the whole bottle.
5. She had never read this book.
6. They had already left.
7. She had come on her own.
8. The children had gone to bed early.

B
1	Elle avait fini.	2	Nous avions lu
3	Elles étaient arrivées.	4	Vous étiez partis.
5	Tu étais tombé?		

C
1. c: I had always wanted to go to Bordeaux but my parents decided to go to Alsace.
2. a: He had gone on holiday when we arrived at the house.
3. f: They had left when it started to rain.
4. e: Luckily, we had bought some sandwiches.
5. d: My sister had left early but there was a lot of traffic.
6. g: My parents had rented a flat by the seaside.
7. h: If you had won the lottery, what would you have done?
8. b: I had left my car in the car park.

106. Negatives

A ne … pas = not; ne … jamais = never; ne … plus = no longer, no more; ne … rien = nothing, not anything; ne … personne = nobody, not anybody; ne … aucun = not any, none; ne … que = only; ne … ni … ni = neither … nor; ne … pas encore = not yet

B
1. We like neither geography nor history.
2. I will no longer eat any meat.
3. He never arrived.
4. They found nothing.
5. I am sending no postcards.
6. She only does two hours per month.
7. He will never return / go back to Italy again.

C
1. Nous n'avons aucune idée.
2. Paul n'a que dix euros.
3. Personne n'est venu à ma fête.
4. Ils n'ont rien bu au café.
5. Vous n'achèterez plus de chocolat?

D
1. Nous ne boirons plus de limonade.
2. Elle n'a jamais dit bonjour.
3. Tu ne rencontres que deux amies en ville.
4. Il n'a rien compris.

E
1. Non, ils n'ont jamais acheté de maison.
2. Non, elle n'a pas fait de natation.
3. Non, elles ne sont jamais venues.

107. The perfect infinitive and present participle

The perfect infinitive

A 1 avoir fait 2 être allé 3 avoir joué 4 avoir fini 5 être arrivé 6 avoir mis 7 avoir voulu 8 être sorti 9 avoir écrit 10 être parti

B 1 D 2 H 3 B 4 E 5 C 6 G 7 F 8 A

C
1. Après être allée en ville, elle a déjeuné.
2. Après avoir mangé, il est allé au ciné.
3. Après être arrivées à la gare, les filles ont acheté leurs billets.
4. Après avoir bavardé avec ses amis, Paul est rentré.

The present participle

A
1	finissant	2	achetant	3	allant	4	disant
5	mangeant	6	faisant	7	prenant	8	voulant
9	partant	10	venant				

B
1	écoutant	2	riant	3	travaillant
4	courant	5	regardant		

108. The passive and the subjunctive

The passive

A 1 E 2 A 3 F 4 B 5 C 6 D

B
1. Les garçons ont été trouvés par la police.
2. Elle sera blessée si elle ne fait pas attention à la circulation.
3. Les pommes sont lavées par les enfants.
4. Il a été invité à une fête.
5. La maison sera vendue.
6. Le château a été construit il y a cent ans.

The subjunctive

A 1 C 2 E 3 D 4 F 5 A 6 B

B
1. It seems that they are afraid.
2. I want you to come with me.
3. Everyone must come to our house.
4. Although she works well, she is not very talented.
5. I never leave before all the work is / has been done.
6. I'm going to do lots of revision so that my parents are proud of me.

109. Questions

A
1. Est-ce qu'il peut venir lundi?
2. Est-ce que vous avez une carte de la ville?
3. Est-ce que les élèves ont fini leurs devoirs?
4. Est-ce qu'elle veut aller en ville?
5. Est-ce que vous êtes vendeuse?
6. Est-ce que nous arriverons au collège à l'heure?

B 1 C 2 D 3 E 4 B 5 A

C Est-ce que tu vas en ville demain matin?
Est-ce qu'il joue au tennis?
Est-ce qu'elle partira en vacances en juillet?
Est-ce que tu as perdu ta clef?
Est-ce que tu as réservé une chambre?
Est-ce que tu préfères voyager en avion ou en train?

Est-ce que les portables sont utiles?
Est-ce que le chien est mignon?
Est-ce que tu veux aller au cinéma avec moi?
Est-ce que tu sais faire de la voile?

D 1 B   2 H   3 D   4 E   5 A   6 G   7 F   8 C

E *Example questions:* Où habites-tu? À quelle heure est-ce que tu te lèves le matin? Combien de frères est-ce que tu as? Qu'est-ce que tu aimes faire le week-end?

110. Prepositions, conjunctions and intensifiers

A 1 F   2 G   3 H   4 B   5 D   6 C   7 E   8 A

B *Answers will vary.*

C D'abord, je me suis levée à 7 heures, puis je me suis lavée. Je suis entrée dans la salle de bains située près de ma chambre et j'ai décidé de prendre une douche et de me brosser les dents aussi. Après ma douche, j'ai cherché ma serviette partout, mais je ne l'ai trouvée nulle part. À la fin, j'ai réussi à retrouver mon pyjama parmi mes affaires et je suis rentrée dans ma chambre.

First of all, I got up at 7 o'clock then I had a wash. I went in to the bathroom situated near my bedroom and I decided to take a shower and brush my teeth as well. After my shower, I looked for my towel everywhere but I couldn't find it anywhere. In the end I managed to find my pyjamas amongst my belongings and I went back into my bedroom.

D 1 donc   2 ensuite   3 aussi   4 partout   5 mais
    6 pendant   7 avant   8 en face de   9 chez
    10 parmi   11 devant   12 près de   13 environ
    14 sans   15 vers

111. Test: listening

1 B, E, G
2 (a) the First World War (b) useful (c) English (d) goes to library
3 (a) *water* / recycles paper
    (b) by public transport / recycles glass
4 (a) bavard (b) amusant (c) paresseux
5 (a) à la campagne
    (b) quinze jours
    (c) dans une auberge de jeunesse
    (d) sans ses parents
6 (a) A (b) B (c) C (d) D
7 (a) A, E (b) C, E
8 (a) scientists
    (b) carbon dioxide (emissions)
    (c) floods, storms / tornados

115. Test: reading

1 (a) Priya (b) Delphine (c) Barbara (d) Aline
    (e) Priya
2 (a) B (b) C (c) A (d) C
3 (a) près (b) gagner (c) ennuyeux (d) offrir
4 (a) August
    (b) more competitors / people from further afield involved
    (c) three dedicated campsites
    (d) good weather not guaranteed
5 I go to school by bus. Lessons start at 8.30 and in my opinion it's too early. My favourite subject is art as I get on well with the teacher. I don't like maths because they give us lots of homework. Yesterday I took a history exam and it was really difficult. I like school because I have lots of friends and most of the teachers are nice.
6 (a) A (b) C (c) D (d) B
7 B, C, D
8 A, B, C, F
9 Sample answer:
The town of Bamako is in the south of Mali. It hardly ever rains there and it's not easy to grow food because of the hot weather. There are a lot of malnourished children in spite of all the efforts of the farmers. Unemployment is a serious problem everywhere and more and more young people are leaving the country to find work.

120. Test: speaking (Foundation)

Listen to the recording

1 Teacher transcript and sample answers:
    T: Je peux vous aider?
    S1: Je voudrais une table pour deux personnes s'il vous plaît.
    T: Qu'est-ce que vous voulez comme boisson?
    S2: Je voudrais un coca et une limonade.
    T: Vous avez choisi votre plat principal?
    S3: Nous voudrions un steak-frites et une omelette au fromage.
    T: Quel est votre dessert favori et pourquoi?
    S4: Je préfère les glaces au chocolat car elles sont délicieuses.
    T: Avez-vous une question?
    S5: Oui, où sont les toilettes?
    T: Les voilà, à gauche.

2 Teacher transcript and sample answers:
    T1: Décris-moi la photo.
    S: Il y a un étudiant qui travaille dans une bibliothèque, peut-être à l'université. Il écrit dans un cahier et il y a plein de livres autour de lui.
    T2: À mon avis, aller à l'université est important. Quel est ton avis?
    S: Je pense qu'il est important d'aller à l'université car je voudrais avoir un bon emploi bien payé.
    T3: Parle-moi d'un projet que tu as fait au collège.
    S: J'ai fait des recherches sur la vie de Nelson Mandela en histoire. J'ai regardé des clips vidéo et j'ai lu des livres sur sa vie. C'est un modèle pour moi.
    T4: Qu'est-ce que tu vas faire comme études l'année prochaine?
    S: Je vais préparer mon bac au lycée en maths, chimie et biologie car je voudrais être pharmacien un jour.
    T5: Je pense qu'il y a beaucoup d'avantages à faire un apprentissage. Quelle est ton opinion?
    S: À mon avis, faire un apprentissage est important si on veut trouver un emploi manuel, mais ce n'est pas pour tout le monde.

121. Test: speaking (Higher)

1 Teacher transcript and sample answers:
    T: Qu'est-ce que tu fais pour protéger l'environnement?
    S1: Je recycle les journaux et j'économise l'eau.
    T: Que penses-tu du recyclage dans ta région?
    S2: Il n'y a pas assez de centres de recyclage. C'est triste.
    T: Qu'est-ce que tu as fait récemment pour protéger l'environnement?
    S3: J'ai recyclé toutes les bouteilles vides de notre maison.
    T: D'accord. As-tu une question?
    S4: Que penses-tu des transports en commun dans ta ville?
    T: Les bus ne sont pas assez fréquents. As-tu une autre question?
    S5: Quelles sont les solutions possibles?
    T: Je ne sais pas.

2 Teacher transcript and sample answers:

Listen to the recording

    T1: Décris-moi la photo.
    S: C'est la place du marché dans une ville en France. Les bâtiments sont anciens et il y a plein de cafés. C'est très animé.
    T2: Je pense qu'il est important de faire du tourisme. Quel est ton avis?
    S: Je pense qu'il est vraiment important de visiter d'autres pays et d'autres régions car on peut découvrir des cultures différentes et des plats différents aussi. Par exemple, l'année dernière je suis allé en Chine et j'ai essayé la cuisine chinoise, ce qui m'a beaucoup plu.
    T3: Parle-moi des changements récents dans ta ville ou dans ton village.
    S: Autrefois ma ville était moins grande mais on a commencé à fabriquer des chaises et la population a augmenté. Maintenant il y a plus d'industries, et plus de magasins!

T4: Où voudrais-tu habiter plus tard dans la vie?

S: J'aimerais habiter en Espagne car il y fait plus chaud qu'en Angleterre et il y a plein de choses à faire et à visiter. Je rêve d'habiter dans une grande maison au bord de la mer où je pourrais me faire bronzer et faire des sports nautiques tous les jours.

T5: Je pense qu'il y a beaucoup d'activités pour les jeunes qui habitent en ville. Quelle est ton opinion? Pourquoi?

S: Selon moi, il n'y a pas assez d'activités pour les jeunes, surtout dans les petites villes. De plus, la plupart des activités coûtent cher et il est difficile de trouver beaucoup d'activités à faire le soir.

122. Test: writing (Foundation)

Sample answers:

1   Il y a plusieurs personnes qui jouent dans un orchestre. Moi, j'adore la musique car c'est vraiment relaxant. Je préfère la musique classique, mais j'aime aussi le rock.

2   Je vais commencer mes études dans votre collège en septembre. Ma matière préférée, c'est le dessin car c'est créatif, mais j'aime aussi les maths et le français bien sûr. L'année prochaine, je vais étudier pour le bac mais je n'ai pas encore choisi mes matières. Je voudrais étudier en France pour améliorer mon français.

3   Pour mon dernier anniversaire, je suis allé au ciné avec quelques copains et on a vu un film comique. Ma fête favorite, c'est certainement Noël, car tout le monde est content et on donne et reçoit des cadeaux. Cette année je vais fêter le Nouvel An en Écosse avec toute ma famille. Nous allons passer une semaine là-bas et j'attends ce séjour avec impatience.

4   (a) Je n'aime pas mon collège.
    (b) Il y a beaucoup de salles de classe.
    (c) Il y a cinq cours par jour.
    (d) D'habitude, à la récré, je bavarde avec mes amis dans la cantine.
    (e) L'année dernière, j'ai joué au foot pour l'équipe du collège. C'était génial.

124. Test: writing (Higher)

Sample answers:

1   Je suis toujours poli et souvent optimiste et modeste, mais mes copains disent que je suis assez bavard et vraiment généreux. Quand j'étais plus jeune je voulais déjà voyager. Pour mon futur emploi, je voudrais trouver un poste dans une banque ou dans un bureau, mais ce qui importe, c'est que je sois heureux. J'aime bien voyager et je rêve de visiter plusieurs pays étrangers parce que j'aimerais pouvoir élargir mes horizons. Il est très important d'avoir des rêves car à mon avis il faut être ambitieux.

2   L'année dernière, j'ai passé des vacances formidables en Italie. Je suis allé à Rome avec ma famille et on a logé dans un petit hôtel confortable. On a tout visité et j'ai surtout aimé les monuments historiques et, naturellement, les plats de la région!! On avait choisi d'y aller car mon père adore l'histoire et il voulait explorer le Colisée. À mon avis, il est essentiel de prendre au moins deux semaines de vacances dans l'été et de partir parce qu'il faut se détendre après avoir travaillé dur pendant le reste de l'année. De plus, on doit pouvoir oublier le stress et les problèmes de la vie quotidienne. Pour mes vacances idéales, je voudrais bien visiter le Japon car j'adore la technologie et j'aimerais prendre le train rapide afin de faire le tour de ce pays fascinant.

3   Mon ami, Marc, habite une grande maison à Rennes, dans l'ouest de la France. Il adore y habiter parce qu'il y a beaucoup de choses à faire pour les jeunes. Il habitait dans l'est dans un petit village de campagne mais il a déménagé il y a deux ans. À l'avenir il aimerait habiter à l'étranger, peut-être en Angleterre car il a plusieurs copains là-bas.

Published by Pearson Education Limited, 80 Strand, London, WC2R 0RL.

www.pearsonschoolsandfecolleges.co.uk

Copies of official specifications for all Pearson qualifications may be found on the website: qualifications.pearson.com

Text, audio and illustrations © Pearson Education Limited 2017, 2021
Typeset and illustrated by Kamae Design, Oxford and Newgen Knowledgeworks
Produced by Cambridge Publishing Management Ltd and Newgen Publishing UK
Cover illustration by Kamae Design Ltd

The right of Stuart Glover to be identified as author of this work has been asserted by him in accordance with the Copyright, Designs and Patents Act 1988.

First published 2021

24
10 9

British Library Cataloguing in Publication Data

A catalogue record for this book is available from the British Library

ISBN 9781292412177

Acknowledgements
Content written by Suzanne Hinton, Martin Bradley and Janet Calderbank is included.

Extract on page 29 from *Les Misérables* by Victor Hugo; Extract on page 45 from *La Dame de Monsoreau* by Alexandre Dumas; Extract on page 50 from *L'Éducation sentimentale* by Gustave Flaubert; Extract on page 118 from *Madame Bovary* by Gustave Flaubert.

The author and publisher would like to thank the following individuals and organisations for permission to reproduce photographs:

(Key: b-bottom; c-centre; l-left; r-right; t-top)

123RF: Cathy Yeulet 21t, Jean-Marie Guyon 30b, William Perugini 46br, Ian Allenden 52br, HONGQI ZHANG 72tr; **Alamy Stock Photo:** Wavebreak Media ltd 26br, Martin Bond 121br, Nikolay Denisov 122t; **Getty Images:** LightFieldStudios/iStock 15b, FatCamera/iStock 20cl; **Pearson Education Ltd:** Studio 8 53t, Jon Barlow 65b; **Shutterstock:** ESB Professional 4cr, Archana bhartia 6tr, FtLaud 7r, Dragon Images 9tr, Shutterstock (2) 12br, 42br, Abadesign 48b, Netfalls Remy Musser 50cr, Fizkes 67tr, Wavebreak Premium 68tr, Twinsterphoto 74c, Ikonoklast Fotografie 76c, Radu Razvan 78tr, Michal Staniewski 81b, Edgar G Biehle 82t, ESB Professional 120b.
Cover: Pearson Education Limited 2021

All other images © Pearson Education

Notes from the publisher

1. While the publishers have made every attempt to ensure that advice on the qualification and its assessment is accurate, the official specification and associated assessment guidance materials are the only authoritative source of information and should always be referred to for definitive guidance.

Pearson examiners have not contributed to any sections in this resource relevant to examination papers for which they have responsibility.

2. Pearson has robust editorial processes, including answer and fact checks, to ensure the accuracy of the content in this publication, and every effort is made to ensure this publication is free of errors. We are, however, only human, and occasionally errors do occur. Pearson is not liable for any misunderstandings that arise as a result of errors in this publication, but it is our priority to ensure that the content is accurate. If you spot an error, please do contact us at resourcescorrections@pearson.com so we can make sure it is corrected.